LES MEILLEURES
RECETTES ORIENTALES

D0814345

LES MEILLEURES
RECETTES ORIENTALES

Gründ

TABLE

ONT COLLABORÉ A CE LIVRE :
Texte anglais de Caroline Ellwood, Clara Ferguson, Naomi Good, Clara Gordon-Smith, Carole Handslip, Yvette Stachowiak.
Adaptation française de Maryalis Bertault, Christine Colinet, Anne Moscat, Anne-Marie Thuot.

NOTES
Mesures utilisées dans les recettes :
1 cuillère à soupe = 1,5 cl
1 cuillère à café = 0,5 cl
Les cuillères doivent être rases.
Le four doit toujours être
préchauffé à la température
indiquée.
Les ingrédients suivis d'un astérique
sont expliqués pages 9 à 11, les
décorations page 155.

Première édition française 1988 par
Librarie Gründ, Paris

© 1988 Librairie Gründ pour
l'adaptation française
ISBN : 2-7000-5793-7
Dépôt légal : septembre 1988
Édition originale 1987 Octopus
Books

© 1987 Octopus Books
Photocomposition : A.P.S. Tours
Produit par Mandarin Offset
Imprimé et relié à Hong Kong

INTRODUCTION

On parle beaucoup des mystères de l'Orient : cette fascinante partie du monde est vaste, multiple et tellement différente de l'Occident !

On y distingue toutes sortes de cuisines délicieuses qui piquent la curiosité ; chacune est le produit d'une combinaison d'influences aussi bien géographiques que religieuses, historiques, économiques et culturelles. Cependant, dans tout l'Extrême-Orient, on conçoit la nourriture comme un objet d'intérêt artistique et philosophique.

C'est pour cette raison que les diverses cuisines de l'Extrême-Orient ne se limitent pas à une seule par pays. La Chine, par exemple, compte cinquante-cinq minorités ethniques, et chacune d'elles apporte sa contribution à la mosaïque culinaire de cette immense nation.

A côté de la diversité des ingrédients, on remarque le peu d'importance accordée aux plats de viande. Il y a, en revanche, une très grande variété de légumes frais et d'épices.

Quand on apprend à connaître la cuisine orientale, il est bon de chercher d'abord à en identifier les principales formes. En dehors des plats bien connus de l'Inde, de la Chine et du Japon, il existe des plats typiques en Thaïlande, au Viêt-nam et dans d'autres pays de cette partie du monde.

La cuisine thaï, par exemple, combine des saveurs salées, aigres, sucrées, épicées de façon appétissante. L'Indonésie, fortement influencée par sa géographie, est une chaîne de quelque 3 000 îles aux groupes raciaux, aux religions et aux langages différents. Les Indiens vinrent en Indonésie, d'abord à des fins commerciales, à une époque où la course aux épices battait son plein. Les Arabes, les Chinois, les Hollandais et les Portugais ont parcouru cette région à la recherche d'épices et autres marchandises de valeur. Singapour et la Malaisie ont le même climat tropical, la même végétation, et leurs cuisines sont très semblables à celles de l'Indonésie.

Pour préparer de la cuisine d'Extrême-Orient, il n'est pas nécessaire d'investir dans un équipement coûteux : un wok, une marmite à vapeur en bambou sont relativement bon marché, mais ils peuvent être remplacés par l'équipement généralement existant dans les cuisines occidentales. Par exemple une poêle à bords hauts peut remplacer un wok.

Bien que certains ingrédients des recettes soient assez particuliers, on les trouve de plus en plus dans les supermarchés ou dans les épiceries orientales. Soyez attentif, et un monde nouveau et passionnant s'ouvrira à vous.

Une fois que vous aurez l'équipement et les ingrédients, préparez-vous à un tour savoureux de l'Extrême-Orient à travers les chapitres qui suivent.

LA CUISINE INDIENNE

LA CUISINE RÉGIONALE

L'Inde est un immense pays aux climats, coutumes, religions et alimentations variés. Elle a connu de nombreuses invasions qui ont toutes influé sur les habitudes alimentaires.

Au XVIe siècle les Mogols envahirent le nord de l'Inde et apportèrent une cuisine riche à base de viande. Le *tandoor*, four en argile, originaire d'Asie centrale, donne son nom à toute une série de plats que l'on sert dans de nombreux restaurants indiens.

Dans le nord de l'Inde, zone de culture du blé, on mange du pain et le ghi est la graisse utilisée pour la cuisson. Les plats ne sont pas très épicés. Plus on descend vers le sud, plus la cuisine utilise des épices fortes.

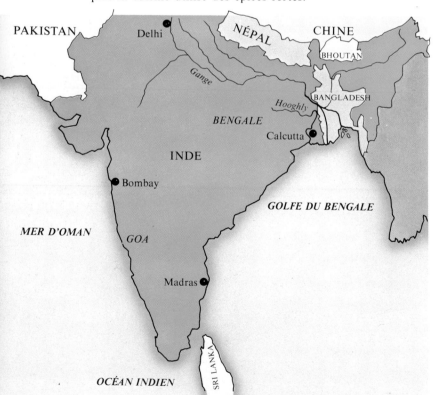

La population de l'Inde est à prédominance hindoue et végétarienne. Si un Hindou consomme de la viande c'est généralement du mouton – jamais du bœuf, car cet animal est sacré. Il existe bien sûr plusieurs minorités qui consomment de la viande : les habitants de Goa, ex-colonie portugaise sur la côte ouest, ont fait du porc leur spécialité ; les musulmans mangent du bœuf et du mouton, mais jamais de porc ; les Parsis mangent de tout.

Le riz est l'aliment de base des états les plus méridionaux qui utilisent de l'huile et sont plutôt végétariens. Au Bengale, sur la côte est, l'alimentation est à base de poisson, mais surtout de grosses crevettes et de homars qui sont pêchés dans les eaux se l'estuaire de l'Hooghly. Les graines de moutarde et l'huile de moutarde y sont très appréciées. Mais le meilleur ici, ce sont les sucreries, telles ces petites sphères blanches et brunes flottant sur du sirop ou bien ces sortes de caramels roses, blancs ou verts.

Les Indiens adorent les sucreries, mais laissent aux professionnels le soin de les fabriquer. Elles sont simples à préparer, mais requièrent plus de pratique que d'habileté, et une attention de tous les instants.

LES USTENSILES

Pour obtenir une poudre ou une pâte d'épices, la méthode traditionnelle utilise un mortier, ou une pierre plate et un rouleau de pierre. Pour les préparations mouillées, utilisez un mixeur, et un moulin à café électrique pour broyer à sec (mais n'oubliez pas de le nettoyer soigneusement, pour que votre café ne soit pas épicé). Vous pouvez aussi utiliser un presse-ail, une râpe, un moulin à poivre ou un hachoir.

Les casseroles de métal lourd n'ont pas de poignées et un couvercle légèrement concave, servant à recueillir soit du charbon ardent, soit de l'eau.

Pour la grande friture, l'ustensile le plus ressemblant est le « wok », typique de la cuisine chinoise. Pour la cuisson des pains utilisez une plaque chauffante ou une poêle à fond épais.

Dans la cuisine indienne traditionnelle, on n'utilise pas d'assiette. Les aliments sont servis sur des *thalis*, sortes de plateaux ronds en métal, généralement du cuivre, quoique l'acier inoxydable gagne du terrain, ou de l'argent (pour ceux qui en ont les moyens). On pose sur ces plateaux de petits bols, les *katoris*, remplis d'aliments variés. Les chutneys et accompagnements divers sont posés à même le plateau, ainsi que les pains (puri et chapati). Le riz est également disposé à même le plateau. Dans le sud on utilise parfois des feuilles de bananier en guise de plateau.

A la fin du repas vous pouvez servir du *pân* pour faciliter la digestion. Pour le préparer, étalez de la pâte de citron sur une feuille de bétel, garnissez-la de noix d'arec hachées fin ainsi que d'épices variées (clous de girofle, gousses de cardamome et grains d'anis). Pliez ensuite la feuille en triangle suffisamment petit pour tenir entier dans la bouche. La mastication du bétel donne une teinte rouge à la bouche, surtout s'il contient du tabac.

LA CUISINE CHINOISE

LA CUISINE RÉGIONALE
Il y a quatre grandes écoles de gastronomie en Chine : la cuisine de Canton, la cuisine du Zhejiang, celle du Sichuan et celle de Pékin. Chaque région possède ses spécialités, qui dépendent du climat et des produits locaux.

La cuisine de Canton rappelle que la mer est toute proche. Outre les spécialités de fruits de mer et de poisson, les légumes farcis sont très populaires. C'ést également de cette région que vient la recette du porc croustillant.

La région du Zhejiang et de la ville de Yangzhou est surtout réputée pour ses plats à la vapeur, les dim sum. C'est dans la région du delta de Yangzijiang que l'on trouve une grande variété de recettes de nouilles. La Chine de l'est – principalement Nankin – est célèbre pour ses canards. Quant à la ville de Shanghai, elle possède ses propres spécialités raffinées.

La cuisine du Sichuan est très différente. Très épicée et très relevée, elle fait grand usage de piments, d'huile pimentée et de poivre du Sichuan.

La cuisine de Pékin est la plus variée de toutes. Depuis des siècles, des cuisiniers des différentes régions de Chine y ont importé leurs spécialités culinaires et ont ainsi fait de Pékin la capitale gastronomique chinoise. Citons par exemple le canard de Pékin ou la fondue chinoise. La province du Henan est célèbre pour ses plats en sauce aigre-douce.

PRÉPARATION DES INGRÉDIENTS
La cuisine chinoise insiste plus sur la préparation que sur la cuisson des aliments. C'est elle qui exige le plus de temps, le temps de cuisson étant généralement très court. Il faut toujours couper tous les ingrédients à la même taille, pour obtenir une cuisson égale.

Il faut couper la viande à contre-fil pour l'attendrir. On la détaille généralement en tranches ou en lanières. Les légumes se coupent en lanières, en diagonale, en rondelles ou en petits dés.

Pour couper les légumes en diagonale, tenez le couteau pour former un angle à 45° avec le légume, la pointe dirigée vers l'extérieur. Pour les découper en lanières, coupez-les d'abord en diagonale, puis en fines lanières. Pour les couper en dés, faites simplement de petits cubes de 1 cm de côté. Préparer toujours tous les ingrédients avant de commencer la cuisson.

MÉTHODES DE CUISSON ET ÉQUIPEMENT
Faire revenir, frire, cuire à la vapeur et la cuisine rouge sont les modes de cuisson les plus courants de la cuisine chinoise :

Faire revenir en tournant : c'est la méthode de cuisson chinoise la plus courante. Comme son nom l'indique, c'est une technique qui consiste à faire revenir les aliments dans l'huile à feu vif, tout en remuant constamment. Le temps de cuisson extrêmement court – quelques minutes – permet aux aliments de garder toute leur saveur. On utilise généralement une sauteuse ou une poêle profonde, si l'on ne possède pas le *wok* chinois,

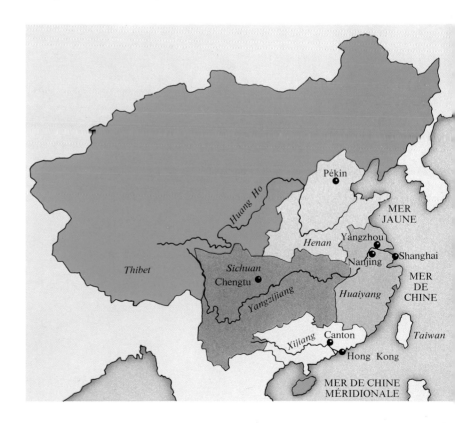

Faire frire : servez-vous d'une friteuse. Il faut généralement plonger les aliments dans de la pâte, avant de les faire frire dans l'huile chaude. Il est recommandé d'utiliser un thermomètre pour vérifier la température de l'huile.

Cuisson à la vapeur : les récipients chinois en bambou, de tailles différentes, sont disposés dans une marmite à vapeur ou au-dessus d'une casserole. Fermés par un couvercle de bambou, ils sont percés de petits trous qui laissent passer la vapeur et assurent ainsi la cuisson des aliments.

Les aliments sont disposés sur un plat en terre à feu que l'on pose sur la base perforée de la marmite à vapeur.

La cuisine rouge : méthode de cuisson typiquement chinoise. Les aliments sont cuits en ragoût dans un mélange de sauce soja, d'eau et de sucre, et aromatisés avec du gingembre, de la ciboule et du vin blanc. Les aliments prennent une couleur rouge au cours de leur cuisson.

LA CUISINE JAPONAISE

Une simplicité élégante, mais aussi une certaine frugalité, sont essentielles à la présentation des plats japonais. Les Japonais sont moins amateurs de goûts épicés que la plupart des autres peuples d'Orient. Au lieu des piments forts et de sauces relevées au poisson utilisés dans les autres cuisines orientales, ils préfèrent des parfums légers, presque éthérés. Cependant, ils apprécient le wasabi, pâte au raifort utilisée comme sauce, et des huiles aux piments.

Bien que le Japon ait fermé ses ports aux étrangers entre 1600 et 1868, on détecte des influences coréennes, portugaises et américaines dans sa cuisine. Ainsi les tempura (poisson et légumes en beignets) auraient-ils été apportés par les marchands portugais au XVIᵉ siècle.

Les aliments de base du Japon sont le riz, les algues, le poisson et les haricots de soja sous diverses formes comme le miso, le shoyu (version japonaise de la sauce soja) et le tofu ; un repas par jour au moins comprend ces ingrédients. Le poisson est d'une importance primordiale pour les Japonais.

Méthodes de cuisson et équipement

Il est important dans la cuisine japonaise que la cuisson s'effectue à table ; elle joue un rôle vital, pour des raisons autant pratiques que sociales. Les Japonais aiment manger les aliments aussitôt cuits et ils respectent les traditions qui accompagnent l'absorption de certains aliments. Dans les restaurants à sushi, on considère qu'il est préférable de s'asseoir devant le chef pour avoir le poisson le plus fraîchement coupé et d'autre part pour observer l'art fascinant de la préparation du sushi.

L'art culinaire japonais donne la préférence à la friture, aux grillades, à la cuisson à la vapeur. Les tempura, quoique n'étant pas d'origine japonaise, sont un bon exemple de friture, tandis que le poulet yakitori et le bœuf teriyaki montrent une belle technique de grillade.

Les ustensiles occidentaux s'adaptent facilement à la cuisine japonaise ; il est donc inutile d'acheter une nouvelle batterie de cuisine.

LA CUISINE DE L'ASIE DU SUD-EST

L'Indonésie, la Malaisie, la Thaïlande et la Birmanie font partie de l'Asie du Sud-Est. Quoiqu'il y ait eu de nombreux soulèvements politiques dans cette région à travers l'histoire, il est bon de noter que, tout en assimilant les influences extérieures, ces pays gardent encore leur identité et leurs traditions ; et cela se reflète dans leurs cuisines.

Celles-ci utilisent les mêmes ingrédients : riz, citronnelle, blachan (pâte de crevettes), noix de coco, poisson frais ou séché, oignons, ail et piments.

La religion, elle aussi, a laissé son empreinte sur la richesse culinaire. La célébration des diverses fêtes religieuses toute l'année a entraîné la préparation de plats très colorés. La décoration avec des fruits et des légumes sculptés a atteint un niveau inégalé par les chefs occidentaux.

Méthode de cuisson et équipement

Peu de four ou de gril dans le Sud-Est asiatique ; un fourneau ouvert, à charbon de bois, sert à toutes les opérations culinaires. La viande et les poissons sont souvent grillés au barbecue, parfois enveloppés dans des feuilles de bananiers pour garder leur saveur. Les woks servent à faire frire, bouillir, mijoter et cuire à la vapeur.

Un mortier et un pilon sont essentiels pour écraser les épices avec d'autres ingrédients, puisque les pâtes ainsi obtenues sont la base même des plats du Sud-Est asiatique. Les ingrédients les plus courants sont les noix, les oignons, l'ail, le blachan, le gingembre et les piments forts ; ils sont frits ou mis à mijoter, avant d'être ajoutés à un plat. Un moulin à café électrique spécialement réservé aux épices peut remplacer le mortier.

LES INGRÉDIENTS DE LA CUISINE D'EXTRÊME-ORIENT

Vous les trouverez dans les boutiques d'alimentation orientales et au rayon des produits exotiques des grandes surfaces.

Abalone : fruits de mer de texture molle, disponibles en conserve.

Anis étoilé : graine sèche d'un arbre qui doit son nom à sa forme en étoile.

Asa-foetida : résine brune au goût prononcé utilisée dans la cuisine indienne. En poudre, utilisez-la avec parcimonie. Conservez-la dans un récipient hermétique.

Beignets de crevettes : plongez-les dans de la friture et laissez-les gonfler jusqu'à ce qu'ils aient triplé de volume.

Blachan (trasi) : pâte de crevettes séchées du Sud-Est asiatique. On la trouve en boîte ou en bocal. Conservez-la au réfrigérateur dans un bocal hermétique, car son odeur est très forte.

Bonite émiettée : sorte de petit thon, dont on a retiré la peau et les arêtes, et qui a été séché 3 ans avant d'être émietté.

Cannelle (dalchini) : en bâton ou en poudre ; retirez le bâton avant de servir le plat.

Cardamome (elaichi) : gousses blanches ou vertes (plus parfumées). Utilisez la gousse entière pour parfumer une viande ou du riz, mais ouvrez-la et écrasez les graines qu'elle contient pour en saupoudrer sur des légumes ou sur un dessert.

Champignons noirs : de saveur délicate, faites-les tremper 20 minutes dans de l'eau chaude avant utilisation et coupez les parties abîmées.

Champignons parfumés : faites-les tremper 15 minutes dans de l'eau chaude et équeutez-les avant utilisation.

Champignons de mousse : petits champignons ronds, en conserve.

Châtaignes d'eau : en conserve. Le véritable nom de ce tubercule d'une plante aquatique est la macre.

Chou en saumure : de couleur jaune, vendu en pot.

Chou chinois : d'un goût légèrement sucré, il se déguste cru ou cuit.

Cinq-parfums : mélange de cinq épices : poivre, anis étoilé, cannelle, clou de girofle et fenouil, vendu en poudre. A utiliser avec parcimonie.

Citronnelle : feuilles d'une plante, très utilisées dans la cuisine orientale pour leur saveur de citron. Elles sont parfois vendues sèches, sous le nom de poudre de sereh.

Coriandre en grains (dhanya) : très parfumée ; utilisée en grains ou moulue.

Coriandre fraîche (bara dhanya) : herbe délicate, au goût prononcé ; elle décore les plats ou les parfume quand on l'ajoute en fin de cuisson. On peut aussi la trouver sous le nom de persil arabe ou persil chinois.

Crevettes séchées : fortement salées, elles ont une saveur très prononcée.

Cumin (zera) : utilisé en grains ou moulue.

Curcuma (haldi) : utilisé en poudre pour son goût prononcé et sa couleur jaune.

Curry (kari) : feuilles séchées d'un arbuste. En France, le curry vendu sous forme de poudre est un mélange tout prêt d'épices qui sert à la préparation de viande, de poisson ou de légumes. En Inde, chaque cuisinière prépare elle-même son propre curry.

Daikon ou mooli : radis mince, long et blanc ; il a une texture croquante et une saveur de noix. Vous pouvez le remplacer par du navet ou du concombre.

Farine de châtaignes d'eau : à base de châtaignes d'eau, elle a un goût très particulier.

Farine de pois chiches (bessan) : sert à la préparation de pâtes et remplace la farine. On en trouve dans certaines épiceries orientales.

Fenouil en grains (sonf) : souvent mâché pour ses propriétés digestives. Les grains donnent leur arôme à de nombreux plats.

Fenugrec (methre) : petites graines ocre au goût doux-amer, utilisées dans les plats de légumes. A employer avec parcimonie.

Feuilles de lotus : enveloppent certains mets et ainsi leur gardent toute leur saveur. Les feuilles séchées sont vendues en paquet. Les faire tremper 20 minutes à l'eau chaude.

Garam massala : mélange d'épices moulues. Vous pouvez le préparer vous-même : broyez dans un moulin électrique 2 cuillères à soupe de poivre noir, 1 cuillère à soupe de cumin, 1 petit bâton de cannelle, 1 cuillère à café de clous de girofle, 1/4 de noix de muscade, 2 cuillères à café de grains de coriandre. Conservez la poudre obtenue dans une boîte hermétique.

Germes de soja : vendus frais ou en conserve.

Ghi, ou beurre clarifié : il a l'avantage de chauffer à haute température sans brûler. Pour le préparer vous-même, mettez à feu doux dans une casserole 250 g de beurre doux. Laissez-le frémir 20 à 30 minutes, jusqu'à ce qu'il cesse de grésiller, et qu'il commence à changer de couleur ; puis passez-le à travers une mousseline. Stockez-le dans un bocal hermétique, dans un endroit frais.

Gingembre frais (adrak) : c'est un rhizome ; il se conserve dans un sac en plastique au réfrigérateur. Pelez-le avant de l'utiliser. Il peut être râpé, haché, ou réduit en purée au mixeur.

Gingembre sec (sonth) : vendu en poudre, il n'a pas autant de parfum que le gingembre frais.

Graines de moutarde (sarson) : petites graines rondes noires ; on les trouve dans les épiceries orientales.

Haricots noirs : salés et fermentés, ils ont un goût très prononcé. Faites-les tremper 5 à 10 minutes avant utilisation.

Harusame : voir nouilles. Ce sont les nouilles « pluie de printemps » japonaises, fines et presque transparentes.

Huile de sésame : huile au goût de noisette, utilisée généralement en petites quantités, en fin de cuisson pour aromatiser les plats.

Hun tun : pâte jaune fine pour la confection des raviolis chinois.

Kamaboko : bâtonnet de pâte de poisson au goût très doux.

Ketjap manis : sauce soja sucrée indonésienne. Vous pouvez la préparer vous-même : portez à ébullition 150 g de cassonade avec 25 cl d'eau, sans cesser de tourner. Augmentez le feu et continuez la cuisson jusqu'à ce que le thermomètre à sucre indique 100°. Baissez le feu et incorporez 7 cuillères à soupe de miel liquide, 1 cuillère à café de gingembre frais râpé, 1/2 cuillère à café de coriandre moulue et du poivre. Laissez frémir 3 minutes. Se garde 2-3 mois dans une boîte hermétique au réfrigérateur.

Kombu : algue séchée ; ingrédient de base pour la préparation du bouillon japonais, le dashi.

Laos : épice délicate que l'on ne trouve qu'en poudre en Occident. Rien ne peut vraiment la remplacer ; si vous n'en trouvez pas, supprimez-la simplement de la recette.

Légumes au vinaigre du Sichuan : de goût épicé, s'ajoutent aux plats de viande, de poisson ou de légumes.

Légumes secs (dals) : il en existe en Inde environ soixante variétés dont les plus connues sont les *mung*, petits haricots verts ou jaunes, les *masoor*, lentilles corail, les *chana*, pois cassés, les *kabli chana*, pois chiches urad, les *toor*, pois cajan, les *lobia*, cornilles, et les *rajma*, haricots rouges nains.

Marrons séchés : à faire tremper avant utilisation. Vous pouvez les remplacer par des frais.

Mirin : vin de riz doux. Est utilisé dans de nombreux plats japonais afin d'y ajouter un goût sucré subtil. On peut le remplacer par du vin blanc sec.

Nam pla : cette sauce thaïlandaise vendue en bouteille est préparée à partir d'anchois salés ; elle est très parfumée.

Noix de coco (marial) : choisissez-en une qui soit lourde pour sa taille. Pour l'ouvrir, percez les « yeux » avec un vilebrequin et faites sortir le liquide. Mettez-la 15 minutes dans un four à 190°, puis tapez-la avec un marteau ; elle se cassera en deux. Avec un couteau pointu, détachez la chair, retirez-lui la peau brune et coupez-la en morceaux. Si elle est déjà ouverte quand vous l'achetez, passez-la 15 minutes au four ; quand vous entendrez la coquille craquer, la chair sera facile à retirer. Râpée, elle se conserve bien.

Le lait de coco sert à parfumer et épaissir les plats. Pour le préparer, mettez la noix de coco râpée dans une jatte, couvrez-la avec 50 cl d'eau bouillante et laissez infuser 1 heure. Passez à travers une mousseline en pressant fort pour extraire le maximum de « lait ». Celui-ci est épais.

Pour obtenir un lait plus léger, versez à nouveau 50 cl d'eau bouillante sur la noix de coco déjà utilisée et pressez à nouveau.

La crème de noix de coco vendue dans les épiceries orientales est un substitut utile.

Noix de kemiri : noix dures et huileuses, très utilisées dans la cuisine malaise et indonésienne. Vous pouvez les remplacer par des amandes.

Noix de macadamia : originaires d'Australie, elles sont utilisées dans la cuisine malaise et indonésienne. Vous pouvez les remplacer par des amandes.

Nouilles : aliment très important, surtout en Chine et au Japon : *nouilles de riz* : il n'est pas nécessaire de les faire tremper avant utilisation ; *harusame* : vermicelle de soja ou de pommes de terre japonais ; *saifon* : vermicelle préparé à partir de farine de haricots de soja ; *shiritaki* : nouilles gélatineuses fabriquées à partir de farine d'igname ; *soba* : nouilles de sarrasin ; *udon* : nouilles de blé épaisses, blanches.

Panir : fromage blanc. Pour le préparer, portez à ébullition 1 l de lait. Retirez du feu, ajoutez 5 cuillères à café de jus de citron mélangé à 10 cl d'eau chaude. Remuez doucement. Quand le lait tourne, laissez-le reposer 15 minutes. Passez-le à travers un linge fin en serrant bien. Laissez le fromage dans le linge roulé serré. Mettez-le entre deux surfaces plates, posez dessus un poids de 3 kg et laissez égoutter 3 heures. 1 l de lait donne 125 g de panir.

Pâte de graines de sésame : ressemble par sa consistance et sa saveur à du beurre de cacahuètes.

Pâte de soja sucrée : pâte de haricots de soja, rouge, épaisse et sucrée, vendue en conserve. Sert à la préparation des sauces sucrées et des dips.

Pili-pili : huile épicée, à base de piments macérés.

Piments rouges secs (sabat lal mirch) : revenus entiers avec d'autres épices, ils donnent un bon goût au plat. Les plus petits sont très forts, utilisez-les donc avec précaution.

Piments verts frais (hari mirch) : à utiliser avec précaution. Pour les manipuler, portez des gants, et évitez de vous toucher les yeux ou le visage. Pour qu'ils soient moins forts, fendez-les et retirez les graines.

Poivre de Cayenne : piment rouge réduit en poudre. A utiliser avec précaution.

Poivre du Sichuan : grains de poivre rouge-brun utilisés entiers ou moulus, qui ont un parfum très fort. Faites-les revenir d'abord dans une poêle avant de les utiliser, pour développer leur parfum.

Pousses de bambou : bourgeons de bambou de couleur crème, bien croquants, disponibles en conserve ou séchés (il faudra alors les faire tremper).

Safran : en brins ou en poudre. Le safran donne une jolie couleur jaune aux plats, ainsi qu'une saveur toute particulière.

Saifun : voir nouilles.

Saké : vin de riz japonais utilisé en cuisine ou consommé tiède. A défaut, remplacez-le par du vin blanc sec.

Sansho : épice moulue préparée à partir de la cosse du sansho. Vous pouvez la remplacer par du poivre noir.

Sauce de haricots de soja : sauce épaisse à base de haricots de soja, jaune ou noire, vendue en conserve.

Sauce de poisson : aussi populaire et aussi utilisée que la sauce soja. Il en existe de nombreuses variétés. Mais la plus connue en France est la variété viet-namienne, le nuoc-mam.

Sauce d'huîtres : sauce légère à base d'huîtres et de sauce soja, utilisée pour aromatiser les viandes et les légumes.

Sauce hoisin : sauce brune très épaisse à base de soja, utilisée comme condiment dans la cuisson des plats.

Sauce soja : on utilise généralement la sauce soja noire, la plus courante. Plus légère, elle est utilisée comme accompagnement.

Sésame en grains (til) : a un goût de noix ; parfume agréablement les légumes.

Shichimi : mélange de sept épices : piment, poivre noir, peau d'orange séchée, graines de sésame, graines de pavot, algues nori et graines de chanvre. Utilisé pour parfumer ou pour décorer.

Shiritaki : voir nouilles.

Soba : voir nouilles.

Tamarin (imli) : gousse du tamarinier. Vendu en gousse ou en pulpe. Faites-le tremper dans de l'eau chaude et pressez-le avant de l'utiliser. Peut être remplacé par du vinaigre ou du jus de citron.

Tofu : la pâte de soja est obtenue à partir de haricots de soja réduits en purée. Le tofu est vendu sous forme de cubes de 7,5 cm. Il s'utilise aussi bien pour les plats salés que pour les plats sucrés. Utilisez uniquement du tofu frais pour la cuisson.

Udon : voir nouilles.

Vermicelles de soja : transparents. Faites-les tremper 5 minutes dans de l'eau chaude avant utilisation.

Vin de riz : utilisez indifféremment le vin de riz chinois ou japonais. Il peut être remplacé par du vin blanc sec.

Vinaigre de riz : distillé à partir du riz blanc, il est très aromatique. Vous pouvez le remplacer par du vinaigre blanc mélangé à de l'eau.

ENTRÉES

Depuis l'exubérance des pakora indiens épicés (faits d'oignons frits, d'épinards et de pommes de terre rehaussées de piments verts), jusqu'au goût plus subtil du poulet tikka, l'importance des entrées est depuis longtemps reconnue en Extrême-Orient. Cependant elles ne viennent pas toujours en début de repas ; elles peuvent être servies avant le repas, pendant celui-ci ou complètement en dehors des repas.

Les menus chinois et japonais, par exemple, ne comprennent généralement pas de hors-d'œuvre, mais ceux-ci peuvent faire partie d'un repas bien organisé. Les soupes servies fumantes comme la soupe aux œufs, la soupe de porc, le velouté de poulet et de champignons, peuvent apparaître à divers moments au cours du repas, et même en plat final. Dans les pages suivantes, vous trouverez des brochettes, des beignets, des travers de porc grillés et des spécialités de toutes sortes pour compléter un menu oriental. Ces recettes sont appétissantes, depuis les samosas et les ekuri à base d'œuf, peu connus, jusqu'aux chiche-kebabs que l'Occident connaît mieux.

Si l'idée de préparer une entrée vous ennuie, sachez que la plupart de ces plats peuvent se préparer à l'avance ou être cuits très rapidement. Nombre de ces plats se présentent sous forme de petites portions à grignoter, donc peuvent aussi être servis entre les repas à la mode orientale.

Pakora ; poulet tikka

Pakora

125 g de farine de
    pois chiches*
1 cuillère à café de
    sel
1/2 cuillère à café
    de poivre de
    Cayenne*
environ 15 cl d'eau
1 piment vert haché*
1 cuillère à soupe de
    coriandre hachée*
1 cuillère à café de
    beurre fondu ou
    de ghi*
2 oignons coupés en
    rondelles
huile à friture
8 petites feuilles
    d'épinards frais
2-3 pommes de terre
    à demi-cuites et
    coupées en
    rondelles

Tamisez la farine, le sel et le poivre de Cayenne dans une jatte. Incorporez de l'eau en quantité suffisante pour obtenir une pâte épaisse, puis fouettez jusqu'à ce qu'elle devienne lisse. Laissez reposer 30 minutes.

Ajoutez à la pâte le piment vert, la coriandre, puis le beurre fondu. Passez les rondelles d'oignon dans la pâte et plongez-les dans l'huile à friture chaude. Quand les beignets sont bien dorés, retirez-les avec une écumoire, égouttez-les sur du papier absorbant et tenez-les au chaud.

Plongez les feuilles d'épinards dans la pâte et faites-les cuire de la même façon que les oignons. Répétez l'opération pour les rondelles de pommes de terre. Servez chaud.
Pour 4 personnes

Poulet tikka

150 g de yaourt
    nature
1 cuillère à soupe de
    gingembre râpé*
2 gousses d'ail
    écrasées
1/2 cuillère à café
    de poivre de
    Cayenne*
1 cuillère à soupe de
    grains de
    coriandre moulus*
1/2 cuillère à café
    de sel
jus de 1 citron
2 cuillères à soupe
    d'huile
750 g de blanc de
    poulet
POUR DÉCORER :
4 rondelles de citron
    persil

A l'exception du poulet, mélangez tous les ingrédients dans une jatte. Coupez le poulet en cubes que vous ferez tremper dans le mélange précédent. Couvrez et laissez mariner une nuit au réfrigérateur.

Répartissez le poulet sur 4 brochettes et passez-les 5 à 6 minutes sous le gril en les tournant souvent.

Disposez les brochettes sur les assiettes, décorez avec le citron et le persil, et servez.
Pour 4 personnes

Crêpes indonésiennes

150 g de farine
15 cl de lait à
température
ambiante
15 cl d'eau
2 œufs à
température
ambiante
légèrement battus
sel
2 ou 3 cuillères à
soupe de ghi*
GARNITURE :
2 cuillères à café
d'huile
350 g de bœuf haché
50 g de petits pois
1 gousse d'ail
écrasée
1 cuillère à café de
gingembre haché
fin*
1/2 cuillère à café
de sucre
1/2 cuillère à café
de poivre
1/4 cuillère à café
de noix de
muscade râpée
1 pincée de poivre de
Cayenne*
sel
2 cuillères à café de
maïzéna
1 cuillère à soupe
d'eau
10 cl de beurre
clarifié ou ghi*
POUR DÉCORER :
6 fines lanières de
ciboule blanchie
6 fines lanières de
carottes blanchies

Faites les crêpes en mélangeant tous les ingrédients, sauf le beurre, dans une jatte moyenne. Fouettez pour obtenir une pâte homogène. Couvrez et laissez reposer 1 heure.

A feu doux, chauffez 1 cuillère à soupe de beurre dans une poêle de 15 cm de diamètre. Versez 3 cuillères à soupe de pâte en tournant la poêle pour couvrir le fond d'une couche mince. Faites dorer 1 minute. Retournez la crêpe sur un papier absorbant et couvrez du papier paraffiné. Recommencez jusqu'à ce qu'il ne reste plus de pâte.

Pour la garniture, chauffez l'huile à feu vif dans une grande poêle. Ajoutez le bœuf, les pois, l'ail, le gingembre, le sucre, le poivre, la muscade, le poivre de Cayenne et du sel. Faites revenir 4 minutes. Retirez du feu et éliminez le gras. Délayez la maïzena dans l'eau et incorporez-la.

Disposez 2 cuillères à soupe de garniture au centre du côté doré de chaque crêpe. Repliez sur la garniture. Fermez, puis roulez.

Chauffez le beurre à feu modéré dans une large poêle. Placez-y les crêpes grnies, en plusieurs fournées si nécessaire. Laissez cuire de chaque côté, 4 minutes environ, jusqu'à ce qu'elles soient dorées et croustillantes.

Avant de servir, nouez la moitié des crêpes avec une lanière de ciboule, et l'autre moitié de carotte.

Servez aussitôt.

Pour 12 crêpes

Amotik

50 g de tamarin*
4 cuillères à soupe
d'huile
750 g de lotte ou de
poisson blanc à
chair ferme en
cubes
farine
1 oignon haché
1 piment vert
haché*2 gousses
d'ail écrasées
1 cuillère à café de
cumin moulu*
1/2 cuillère à café
de poivre de
Cayenne*
sel
1 cuillère à soupe de
vinaigre

Faites tremper le tamarin 30 minutes dans 6 cuillères à soupe d'eau chaude. Égouttez-le et pressez-le, jetez le tamarin et conservez l'eau.

Dans l'huile chaude d'une poêle faites revenir rapidement le poisson passé dans la farine. Retirez-le et mettez-le de côté.

Faites dorer l'oignon dans la poêle. Ajoutez l'eau du tamarin, le piment, l'ail, le cumin, le poivre de Cayenne, salez et laissez cuire 10 minutes. Ajoutez le poisson, le vinaigre, puis laissez mijoter 5 minutes sans couvrir.

Pour 4 personnes

(Illustration, page 12)

Amotik

Ekuri

50 g de beurre
1 oignon haché fin
1 piment vert haché
  *fin**
8 œufs légèrement
  battus avec
  2 cuillères à soupe
  d'eau
1 cuillère à soupe de
  *coriandre hachée**
sel

Dans le beurre chaud d'une poêle faites dorer l'oignon. Faites ensuite revenir 30 secondes le piment, ajoutez les œufs, la coriandre, salez et tournez jusqu'à ce que les œufs soient pris.
Servez chaud.
Pour 4 personnes

Ekuri ; chiche kebab

Chiche-Kebab

500 g de viande de
  mouton hachée
2 cuillères à soupe
  de feuilles de
  céleri hachées
2 cuillères à soupe
  de persil haché
2 oignons hachés
1 cuillère à café de
  *curcuma**
sel et poivre
POUR DÉCORER :
persil haché
oignon haché

Mélangez tous les ingrédients, salez, poivrez. Roulez le mélange en petites croquettes et faites-les cuire sous le gril 10 minutes, en les retournant plusieurs fois. Décorez avec du persil et de l'oignon avant de servir.
Pour 4 personnes

Beignets indonésiens au crabe

1 boîte (350 g) de maïs doux, égoutté
125 g de chair de crabe émietté
2 œufs battus
2 petits oignons hachés fin
2 ciboules hachées fin
1 piment vert* haché fin
1 cuillère à soupe de maïzena
sel et poivre
5 cl d'huile

Mélangez bien tous les ingrédients, sauf l'huile, dans une grande jatte. Mettez de côté.

Chauffez l'huile à feu vif dans une grande poêle. Versez une bonne cuillère à soupe de la préparation dans l'huile chaude aplatissez avec le dos de la cuillère. Faites cuire 3 minutes de chaque côté. Recommencez avec le restant de la pâte à beignet. Retirez avec une écumoire et égouttez sur du papier absorbant. Disposez les beignets sur un plat chaud et servez aussitôt.

Pour 15 beignets

Kebab à l'indienne

750 g de bœuf haché
1 petit oignon haché
2 gousses d'ail écrasées
1 cuillère à soupe de concentré de tomates
jus de 1/2 citron
1 cuillère à soupe de farine
cumin en poudre,* piment doux et* coriandre broyée*
1/2 cuillère à café de chaque cannelle, gingembre,* muscade et clous de girofle broyés (1 pincée de chaque)
sel et poivre
laitue ciselée en lanières
rondelles de citron
rondelles de concombre
brins de menthe

Mélangez la viande, l'oignon, l'ail, le concentré, le jus de citron et la farine dans une jatte. Incorporez toutes les épices : salez et poivrez. Travaillez le hachis jusqu'à ce qu'il soit homogène.

Divisez-le en 6 portions, que vous façonnerez autour des brochettes. Si possible, placez au réfrigérateur 1 à 2 heures, pour qu'il se raffermisse.

Faites griller 15 à 20 minutes sous le gril, en tournant de temps en temps, jusqu'à ce que les brochettes soient dorées.

Disposez les kebabs sur un lit de laitue, décorez de citron, de concombre et de menthe, et servez chaud avec du riz.

Pour 6 personnes

Beignets de poisson

Beignets de poisson

6 cuillères à soupe d'huile
2 oignons hachés
1 cuillère à soupe de coriandre moulue*
1 piment vert épépiné et haché*
1 cuillère à café de sel et de poivre
750 g de filets de morue
2 cuillères à soupe de coriandre hachée*
125 g de farine de pois chiches*
1/2 cuillère à café de poivre de Cayenne*
1/2 cuillère à café de sel
1 œuf battu
7 cuillères à soupe d'eau

Faites chauffer 3 cuillères à soupe d'huile, puis les oignons et laissez-le dorer, et faites revenir 2 minutes la coriandre moulue, le piment, le sel, le poivre, le poisson. Couvrez et laissez cuire, à feu doux, 2 minutes. Cassez le mélange à la fourchette, ajoutez la coriandre fraîche, retirez du feu et laissez de côté.

Tamisez la farine, le poivre de Cayenne et le sel. Ajoutez l'œuf, l'eau, battez pour obtenir une pâte lisse. Laissez reposer 30 minutes ; incorporez le poisson.   Faites chauffer le reste d'huile dans une poêle, mettez-y de petites cuillères de pâte et laissez dorer des deux côtés. Égouttez et tenez au chaud pendant que vous faites cuire le reste.

Pour 4 personnes

Boulettes

*3 cuillères à soupe
de farine*
*1/2 cuillère à café
de levure chimique*
3 œufs battus
*5-6 cuillères à soupe
d'eau*
250 g de bœuf haché
*1 botte de ciboules
coupées fin*
*1/2 piment vert
haché**
*1 cuillère à café de
curcuma**
sel
huile à friture

Tamisez la farine et la levure dans une jatte, ajoutez les œufs et battez pour bien mélanger. Versez l'eau peu à peu pour obtenir une pâte épaisse.

Incorporez le bœuf, les ciboules, le piment, le curcuma et le sel ; laissez dans un endroit chaud 1 heure.

Dans une poêle faites chauffer de l'huile (envrion 1 cm de profondeur). Quand elle est très chaude, jetez-y des cuillères du mélange et laissez frire 2 minutes de chaque côté.

Égouttez bien et tenez au chaud pendant la cuisson du reste des boulettes, en rajoutant de l'huile si nécessaire. Servez chaud.
Pour 4 personnes.

Aubergines brinjal

*2 grosses aubergines
sel*
*3 cuillères à soupe
d'huile*
1 oignon haché
*1 gousse d'ail
hachée*
*1 piment vert
épépiné et haché**
*1 cuillère à café de
curcuma**
500 g de bœuf haché
*1 œuf légèrement
battu*
*2-3 cuillères à soupe
de chapelure*

Faites cuire les aubergines à l'eau bouillante salée 15 minutes. Égouttez-les et laissez-les refroidir.

Dans l'huile chaude d'une poêle, faites dorer l'oignon. Faites ensuite revenir 2 minutes l'ail, le piment et le curcuma. Ajoutez la viande et laissez-la dorer. Salez et laissez cuire 20 minutes à feu doux.

Coupez les aubergines en deux dans le sens de la longueur. Avec précaution détachez la chair, mélangez-la à la viande. Rectifiez l'assaisonnement. Répartissez le mélange dans les aubergines, badigeonnez d'œuf, couvrez de chapelure et faites dorer 5 minutes sous le gril.
Pour 4 personnes

Boulettes ; aubergines brinjal
A DROITE : *samosas à la viande ; samosas aux légumes*

Samosas à la viande

PATE :
125 g de farine
1/4 cuillère à café
  de sel
25 g de ghi*
2-3 cuillères à soupe
  d'eau
GARNITURE :
1 cuillère à soupe
  d'huile
1 petit oignon haché
1 gousse d'ail
  écrasée
1 piment vert haché*
1/2 cuillère à café
  de poivre de
  Cayenne*
250 g de bœuf haché
125 g de tomates
  pelées et coupées
1 cuillère à soupe de
  coriandre hachée*
sel
huile à friture

Tamisez la farine et le sel dans une jatte. Incorporez du bout des doigts le ghi. Quand le mélange est grumeleux, ajoutez l'eau et pétrissez. Quand la pâte est lisse, couvrez et mettez au réfrigérateur.

Dans l'huile chaude d'une poêle faites dorer l'oignon et l'ail. Ajoutez le piment haché et le poivre de Cayenne, laissez revenir 3 minutes. Ajoutez la viande et faites-la dorer. Ajoutez la tomate, la coriandre, salez et laissez mijoter 20 minutes à feu doux ; la viande doit être tendre et le mélange sec. Dégraissez. Laissez refroidir.

Coupez la pâte en 8 morceaux, saupoudrez-les de farine et étalez-les en cercles fins que vous couperez en deux. Formez un cône avec chaque demi-cercle.

Répartissez la garniture dans les cônes (sans trop les remplir), humidifiez les bords et pincez-les. Faites dorer les chaussons dans l'huile à friture. Servez chaud ou tiède.

Pour 4 personnes

Samosas aux légumes

PATE :
125 g de farine
1/4 cuillère à café
  de sel
25 g de ghi*
2 cuillères à soupe
  d'eau
GARNITURE :
1 cuillère à soupe
  d'huile
1 cuillère à café de
  graines de
  moutarde*
1 petit oignon haché
1 piment vert haché*
1/4 cuillère à café
  de curcuma*
1 cuillère à café de
  gingembre haché*
sel
125 g de petits pois
125 g de pommes de
  terre cuites en dés
1/2 cuillère à soupe
  de coriandre
  hachée*
1 cuillère à soupe de
  jus de citron

Préparez la pâte comme dans la recette précédente. Laissez-la au réfrigérateur pendant la préparation de la garniture.

Dans l'huile chaude d'une poêle, faites revenir les graines de moutarde. Quand elles commencent à éclater, faites dorer l'oignon. Ajoutez le piment, le curcuma, le gingembre, salez et laissez revenir 3 minutes ; si le mélange attache, ajoutez 1 cuillère à soupe d'eau et tournez vivement. Incorporez les petits pois et laissez cuire 2 minutes. Ajoutez et mélangez les pommes de terre, la coriandre, laissez cuire 1 minute. Versez le jus de citron, puis laissez refroidir.

Comme dans la recette précédente, formez les cônes, garnissez-les et faites-les frire. Servez chaud ou tiède.

Pour 4 personnes

Potage aux œufs

4-5 champignons
noirs* (facultatif)
2 cuillères à soupe
de sauce soja*
2 cuillères à café de
maïzena
180 g de filet de
porc, en lanières
90 cl de bouillon
1 cuillère à café de
sel
2 œufs
2 ciboules, hachées
fin
1 cuillère à soupe de
coriandre ciselée*

Faites tremper les champignons
10 minutes dans l'eau chaude.
Rincez-les, égouttez-les bien, puis
hachez-les grossièrement.

Mélangez la sauce soja et la
maïzena. Passez le porc dans le
mélange. Amenez le bouillon à
ébullition, ajoutez le sel, le porc, les
champignons et laissez cuire
5 minutes.

Battez bien les œufs pour qu'ils
deviennent mousseux et versez-les
dans le bouillon en ébullition, en
remuant constamment. Retirez du
feu. Ajoutez la ciboule et la
coriandre, et servez immédiatement.
Pour 4 à 6 personnes

Potage aux œufs ; potage aux boulettes

Potage aux boulettes

4-5 champignons
parfumés*
350 g de bœuf
maigre émincé
1 oignon finement
haché
1 cuillère à soupe de
maïzena
1 petit œuf
sel
90 cl de bouillon de
bœuf
1 botte de cresson
équeuté
3 ciboules hachées
fin
1 cuillère à soupe
sauce soja*

Faites tremper les champignons
15 minutes dans l'eau chaude.
Pressez-les bien pour en extraire
l'eau, équeutez-les et émincez les
têtes.

Mélangez le bœuf, l'oignon, la
maïzena et l'œuf, salez à votre goût.
Façonnez de petites boulettes avec le
mélange. Plongez-les 15 minutes
dans l'eau glacée. Égouttez-les
soigneusement

Pendant ce temps, faites chauffer
le bouillon dans une grande
casserole. Ajoutez les boulettes de
viande et faites cuire 10 minutes.
Incorporez les champignons, le
cresson, la ciboule, la sauce soja.
Laissez mijotez deux autres minutes.
Pour 4 à 6 personnes

Crevettes au gingembre

8 ciboules hachées
5 cm de gingembre
   frais haché*
2 cuillères à soupe
   de vin blanc sec
2 cuillères à soupe
   de sauce soja*
15 cl de bouillon de
   poule
sel et poivre
10 crevettes bouquet
   ou 500 g de
   petites crevettes,
   décortiquées

Mettez tous les ingrédients, sauf les crevettes, dans une casserole, salez, poivrez, portez à ébullition et laissez frémir 2 minutes. Ajoutez les crevettes, couvrez et laissez cuire 3 minutes. Servez aussitôt avec du riz ou des pâtes.
Pour 4 personnes

Soupe du Sichuan

Travers de porc

1 kg de travers de
   porc maigre
sel
2 cuillères à soupe
   d'huile
1 morceau de
   gingembre* haché
1 gousse d'ail
   écrasée
SAUCE :
4 cuillères à soupe
   de miel liquide
4 cuillères à soupe
   de vinaigre
2 cuillères à soupe
   de sauce soja*
1 boîte de concentré
   de tomate (140 g)
1 cuillère à café de
   fines herbes
1 cuillère à café de
   piment*
2 gousses d'ail
   écrasées
ciboule et fleur de
   tomate*

Mélangez tous les ingrédients de la sauce, couvrez.
   Coupez le travers en morceaux de 5 cm ; saupoudrez avec le sel. Faites chauffer l'huile dans une sauteuse. Ajoutez le gingembre, l'ail, et faites revenir 1 minute. Ajoutez le travers et faites-le revenir à feu vif. Quand il est doré, baissez le feu et laissez mijoter 10 minutes.
   Versez la sauce sur la viande en tournant. Couvrez la sauteuse avec du papier aluminium ou un couvercle, et laissez mijoter à feu très doux 25 à 30 minutes, en remuant de temps en temps. La viande doit être tendre.
   Disposez les morceaux de viande sur un plat de service chaud et décorez avec la ciboule et la fleur de tomate. Servez immédiatement.
Pour 4 à 6 personnes

Soupe du Sichuan

4 champignons
   parfumés*
2 branches de céleri
90 cl de bouillon
180 g de crevettes,
   fraiches ou
   décongelées
50 g de légumes au
   vinaigre du
   Sichuan*
50 g de pousses de
   bambou*,
   égouttées et
   coupées en
   lanières
1/2 concombre
2 cuillères à soupe
   de vin blanc sec
2 cuillères à soupe
   de sauce soja*
1 cuillère à soupe de
   vinaigre
30 g de jambon,
   coupé en dés
1 ciboule hachée

Faites tremper les champignons 15 minutes dans l'eau chaude. Pressez-les bien pour en extraire l'eau, équeutez-les et coupez les têtes en quartiers. Coupez le céleri en diagonale.
   Portez le bouillon à ébullition, incorporez les crevettes, les légumes au vinaigre, les pousses de bambou, les champignons, le céleri et laissez frémir 5 minutes.
   Coupez le concombre en lanières de 5 cm. Mettez-le dans la casserole avec le vin blanc, la sauce soja, le vinaigre et le jambon. Faites cuire 1 minute. Parsemez avec la ciboule et servez immédiatement.
Pour 4 à 6 personnes

Crevettes au paprika

1 cuillère à café de
gingembre* haché
3 ciboules hachées
fin
12 gambas
décortiquées
3 cuillères à soupe
de farine levante
1 pincée de sel
1/2 à 1 cuillère à
café de poivre de
Cayenne*
1/2 cuillère à café
de paprika
3 cuillères à café de
vin blanc sec
1 œuf battu
1 cuillère à soupe de
feuilles de
coriandre*
hachées
huile à friture
POUR DÉCORER :
feuilles de coriandre
et fleurs de
tomate*

Mélangez le gingembre, les ciboules et les crevettes. Mettre la farine, le sel, le poivre de Cayenne et le paprika dans une jatte. Ajoutez le vin blanc, l'œuf et battez jusqu'à ce que ce soit homogène. Versez dedans la coriandre et le mélange de crevette.

Dans un wok, chauffez l'huile à 160° et faites frire la moitié des crevettes 2 ou 3 minutes, jusqu'à ce qu'elles soient dorées. Mettez-les sur un papier absorbant et gardez-les au chaud pendant que vous faites frire le reste.

Disposez-les sur un plat chaud, décorez de feuilles de coriandre et de fleurs de tomate et servez aussitôt.

Pour 4 personnes

Crevettes aux asperges

150 g d'asperges
fraîches coupées
en morceaux de
2,5 cm
sel
4 cuillères à soupe
de vin blanc
1 cuillère à café de
sauce soja*
500 g de crevettes
décortiquées
2 cuillères à soupe
d'huile
2 gousses d'ail
hachées fin
2 cuillères à café de
gingembre* haché
fin
4 ciboules finement
hachées

Faites blanchir les asperges dans l'eau bouillante salée pendant 2 minutes ; faites bien égoutter et mettez-les de côté.

Mélangez dans une grande jatte le vin blanc et la sauce soja. Ajoutez les crevettes et laissez mariner 15 minutes.

Chauffez l'huile dans un wok et faites revenir rapidement l'ail, le gingembre et la moitié des ciboules en tournant rapidement. Ajoutez les crevettes, la marinade, les asperges et faites revenir en mélangeant 1 ou 2 minutes jusqu'à ce que le tout soit bien chaud.

Disposez sur un plat chauffé et saupoudrez avec le reste des ciboules. Servir aussitôt.

Pour 4 personnes

Potage de palourdes et d'abalone

8-10 champignons
parfumés*
1,2 l de bouillon
50 g d'abalone*,
coupée en tranches
fines
130 g de blanc de
poulet, émincé
1 morceau de
gingembre, coupé
en dés*
1-2 cuillères à soupe
de vin blanc sec
1 cuillère à soupe de
sauce soja*
1 boîte de palourdes,
égouttées

Faites tremper les champignons 15 minutes dans l'eau chaude. Pressez-les bien pour en extraire l'eau, équeutez-les et coupez les têtes en quartiers.

Portez le bouillon à ébullition. Incorporez l'abalone, le poulet et le gingembre. Laissez frémir 2 minutes. Ajoutez le reste des ingrédients et laissez cuire 2 autres minutes.

Pour 4 à 6 personnes

Crevettes aux asperges ; crevettes au paprika

Soupe porc et nouilles

3-4 champignons
  parfumés*
  (facultatif)
250 g de porc
  maigre, coupé en
  lanières
1 cuillère à soupe de
  sauce soja*
1 cuillère à soupe de
  vin blanc sec
350 g de nouilles
  aux œufs
90 cl de bouillon
4 ciboules, hachées
130 g de pousses de
  bambou*,
  égouttées, coupées
  en lanières
quelques feuilles de
  chou chinois,*
  coupées en
  lanières

Faites tremper les champignons 15 minutes dans l'eau chaude. Pressez-les bien pour en extraire l'eau, équeutez-les et coupez les têtes en lamelle.

Mettez le porc dans un bol, arrosez avec la sauce soja et le vin blanc. Laissez mariner 10 à 15 minutes.

Faites cuire les nouilles environ 5 minutes dans l'eau bouillante salée. Quand elles sont cuites, égouttez-les.

Portez le bouillon à ébullition, incorporez le porc, la marinade, la ciboule et les pousses de bambou. Laissez frémir 2 à 3 minutes, puis ajoutez les nouilles et le chou. Laissez cuire 2 autres minutes avant de servir chaud.

Pour 4 à 6 personnes

Soupe poulet et champignons

200 g de blanc de
  poulet
1 blanc d'œuf
2 cuillères à café de
  maïzena
90 cl de bouillon de
  poule
50 g de champignons
  de Paris, coupés
  en lamelles
80 g de pousses de
  bambou*,
  égouttées, coupées
  en lanières
1 cuillère de
  gingembre*, haché
  fin
2 ciboules hachées
1/2 cuillère à café
  de sel
1 cuillère à soupe de
  sauce soja*

Coupez le poulet en fines lanières. Dans un bol, délayez l'œuf avec la maïzena. Incorporez le poulet au mélange, tout en remuant, pour qu'il soit bien nappé.

Portez le bouillon à ébullition : ajoutez le poulet et le reste des ingrédients. Laissez frémir 3 minutes. Servez chaud.

Pour 4 à 6 personnes

Soupe de légumes

4 champignons
  parfumés*
30 g de vermicelles
  de soja*
1/2 botte de cresson
90 cl de bouillon
2 courgettes en dés
1 petit navet en dés
50 g d'épinards
  hachés
2 carottes, coupées
  en dés
1 cuillère à café de
  sel
1 cuillère à soupe de
  sauce soja*
2 ciboules hachées

Faites tremper les champignons 15 minutes dans l'eau chaude. Pressez-les bien pour en extraire l'eau, équeutez-les et coupez les têtes en lamelles.

Faites tremper le vermicelle 10 minutes dans de l'eau très chaude. Égouttez-le. Épluchez le cresson et coupez grossièrement les feuilles.

Portez le bouillon à ébullition. Incorporez les courgettes, le navet, le cresson, les épinards et les carottes. Laissez frémir 20 minutes.

Ajoutez le reste des ingrédients et laissez cuire encore 5 minutes. Servez chaud.

Pour 4 à 6 personnes

Soupe porc et nouilles ; soupe poulet et champignons ; soupe de légumes

Soupe cascade blanche

75 g d'échine de
porc émincée
2,5 cl de sauce soja*
1 cuillère à soupe de
mirin* ou de vin
blanc sec
1 cuillère à café de
sucre
1 l de bouillon de
poule
1 carotte coupée en
bâtonnets
25 g de nouilles
shirataki* ou de
petits spaghetti
2 cuillères à soupe
d'huile de
sésame*
1 cuillère à café
d'huile de piment*
ou de Tabasco
sel
12 mange-tout

Mettre le porc dans une petite jatte. Ajoutez la sauce soja et le mirin. Mélangez pour enrober le porc entièrement. Couvrez et mettez de côté.

Dans une grande casserole, à feu doux, portez le bouillon de poule à ébullition. Retirez le porc de la sauce soja avec une écumoire et mettez-le dans le bouillon. Ajoutez la carotte et les nouilles, laissez frémir 3 minutes en écumant souvent. Incorporez l'huile de sésame, l'huile de piment et le sel. Répartissez les mange-tout dans quatre bols chauds, et versez la soupe dessus.

Pour 4 personnes

Crevettes à la japonaise

75 g de harusame*
ou de nouilles
saifon*
30 gambas de 50 g
chacune,
décortiquées mais
en conservant la
queue
50 g de farine
1/4 cuillère à café
de sansho*
sel
2 blancs d'œufs
huile à friture
quartiers de citron
sauce soja* pour
tremper

Avec des ciseaux, coupez les nouilles en tronçons de 1 cm. Réservez.

Faites une incision sur le dessus des crevettes pour éviter qu'elles ne se recroquevillent. Dans un sac en plastique, mélangez la farine, le sansho et le sel. Ajoutez les crevettes par fournées et secouez le sac.

Battre les blancs d'œufs pour qu'ils soient mousseaux. Plongez dedans chaque crevette, puis passez-les dans les nouilles qui doivent les enrober complètement.

Dans un wok ou une grande casserole, chauffez l'huile à 180°. Par fournées, plongez doucement les crevettes dans l'huile. Faites frire 3 minutes jusqu'à ce qu'elles soient opaques. Les nouilles doivent rester blanches. Faites égoutter. Servez chaud avec des quartiers de citron et de la sauce soja.

Pour 4 personnes

Sunomono

1 beau concombre
coupé en tranches
fines
sel
12 cl de vinaigre de
vin de riz* ou de
vinaigre de cidre
3 cuillères à soupe
de sucre en poudre
1 cuillère à soupe de
sauce soja*
POUR DÉCORER :
125 g de crevettes
décortiquées
2 fines tranches de
citron coupées en
deux
4 branches de persil

Saupoudrez de sel les tranches de concombre et mettez-les à dégorger dans une passoire pendant 30 minutes. Essorez-les doucement, puis mettez-les dans une jatte moyenne.

Mélangez le vinaigre, le sucre et la sauce soja dans une petite jatte jusqu'à ce que le sucre soit fondu. Versez sur les tranches de concombre et remuez bien.

Au moment de servir, retirez le concombre de la sauce et disposez-le dans quatre bols individuels. Décorez chacun d'eux de crevettes, puis terminez par le citron et le persil. Servez aussitôt.

Pour 4 personnes

Curry de travers de porc

5 cl de sauce soja*
2 cuillères à soupe
de vin de riz
chinois* ou de vin
blanc sec
1 cuillère à soupe de
curry en poudre*
2 ou 3 gousses d'ail
écrasées
sel, poivre
1 kg de travers de
porc coupé en
morceaux
1 gros œuf
légèrement battu
250 g de maïzena
huile à friture
POUR DÉCORER :
branches de
coriandre*

Dans une grande jatte, mélangez la sauce soja, le vin de riz, le curry, l'ail, le sel, le poivre. Ajoutez la viande et mélangez bien pour l'enrober de préparation. Couvrez et laissez mariner 1 heure.

Ajoutez l'œuf et mélangez de nouveau. Posez la viande sur une grande assiette, saupoudrez de maïzena, éliminez l'excédent et appuyez bien pour faire adhérer.

Versez l'huile dans un wok ou une grande poêle, chauffez à 180°. Ajoutez la viande et faites frire une fournée pendant 5 à 6 minutes en tournant de temps en temps jusqu'à ce qu'elle soit dorée. Faites égoutter sur du papier absorbant.

Écumez pour éliminer ce qui reste à la surface de l'huile. Faites-la chauffer à 200°, y mettre une autre fournée de viande et faites frire jusqu'à ce qu'elle soit dorée. Posez sur du papier absorbant. Décorez et servez chaud.

Pour 6 personnes

Soupe cascade blanche ; Sunomono

Beignets de Saint-Jacques

12 coquilles Saint-
Jacques, fraîches
ou décongelées
1/2 cuillère à café
de gingembre*
haché
2 ciboules hachées
3 cuillères à soupe
de farine
1 cuillère à café de
levure chimique
1 pincée de sel
2 cuillères à café de
vin blanc sec
1 œuf battu
huile à friture
POUR DÉCORER :
fleur de tomate*
feuilles de
coriandre*

Coupez les coquilles en deux. Si elles
sont fraîches, plongez-les 1 minute
dans l'eau bouillante. Égouttez-les
soigneusement. Mélangez-les avec le
gingembre et la ciboule.

Mettez la farine, la levure et le sel
dans une jatte. Ajoutez le vin blanc
et l'œuf, et fouettez jusqu'à
l'obtention d'une pâte lisse. Puis
incorporez les coquilles à la pâte,
tout en remuant, pour qu'elles soient
bien enrobées.

Faites chauffer l'huile dans une
friteuse à 160°. Faites-y frire les
coquilles 2 à 3 minutes : elles
doivent être dorées. Égouttez-les sur
du papier absorbant.

Disposez-les sur un plat de service
chaud et décorez avec la fleur de
tomate et la coriandre. Servez
immédiatement.
Pour 4 personnes

Beignets de Saint-Jacques ; crevettes frites

Crevettes frites

130 g d'asperges
fraîches, coupées
en petits
morceaux de 2 cm
(facultatif)
4 cuillères à soupe
de vin blanc sec
1 blanc d'œuf
1 pincée de sel
500 g de crevettes
décortiquées,
fraîches ou
décongelées
1 cuillère à soupe
d'huile
1 cuillère à café de
gingembre*,
finement haché
2 ciboules hachées

Faites cuire les asperges 5 minutes
dans l'eau bouillante salée. Égouttez-
les soigneusement.

Mélangez 2 cuillères à soupe de
vin blanc avec l'œuf et le sel.
Incorporez les crevettes au mélange,
tout en tournant, pour qu'elles soient
bien enrobées.
Égouttez-les.

Faites chauffer l'huile dans une
poêle. Ajoutez le gingembre et la
moitié de la ciboule, et faites revenir
2 minutes. Ajoutez les crevettes et
faites revenir encore 5 minutes.
Quand elles sont roses, incorporez
alors les asperges, arrosez avec le
reste de vin blanc et laissez cuire
1 minute.

Disposez le mélange sur un plat de
service chaud et parsemez avec le
reste de ciboule. Servez
immédiatement.
Pour 4 à 6 personnes

Raviolis chinois frits

500 g de hun-tun*
3 cuillères à soupe
  de sauce soja*
1 cuillère de vin
  blanc sec
500 g de porc haché
1 cuillère à café de
  cassonade
1 gousse d'ail
  écrasée
1 morceau de
  gingembre* haché
  fin
250 g d'épinards
  cuits
  huile à friture
SAUCE :
1 cuillère à soupe
  d'huile
2 gousses d'ail
  écrasées
2 cuillères à soupe
  de sauce soja*
2 cuillères à soupe
  de miel liquide
2 cuillères à soupe
  de vinaigre
2 cuillères à café de
  sauce chili
1 cuillère à soupe de
  vin blanc sec
2 cuillères à soupe
  de concentré de
  tomate
2 cuillères à café de
  maïzena délayée
  dans 1 cuillère à
  soupe d'eau
POUR DÉCORER :
fleurs de ciboule*

Coupez les hun-tun en petits carrés de 5 cm de côté. Mettez la sauce soja, le vin blanc et le porc dans une jatte ; mélangez bien. Incorporez la cassonade, l'ail, le gingembre et les épinards. Posez une petite quantité de cette farce au milieu de chaque hun-tun. Humidifiez leurs bords. Repliez-les en forme de triangle et pressez bien les bords, pour empêcher la farce de couler pendant la cuisson.

Faites chauffer l'huile dans une friteuse. Faites frire les raviolis par petites quantités, 5 minutes environ. Ils doivent dorer. Égouttez-les sur du papier absorbant et gardez au chaud.

Pour préparer la sauce, faites chauffer l'huile dans une casserole. Ajoutez l'ail et faites frire 1 minute. Incorporez le reste des ingrédients, portez à ébullition et laissez frémir 2 minutes. Versez dans une petite saucière.

Disposez les raviolis sur un plat de service chaud autour de la saucière. Décorez avec les fleurs de ciboule. Servez immédiatement. Trempez chaque ravioli dans la sauce avant dégustation.

Pour 4 à 6 personnes

Rouleaux de printemps

250 g de farine
1 pincée de sel
1 œuf
30 cl d'eau (environ)
  huile à friture
FARCE :
1 cuillère à soupe
  d'huile
250 g de porc
  maigre, coupé en
  lanières
1 gousse d'ail
  écrasée
2 branches de céleri
  émincées
130 g de
  champignons de
  Paris émincés
2 ciboules hachées
130 g de germes de
  soja*
130 g de crevettes
  décortiquées,
  décongelées
2 cuillères à soupe
  de sauce soja*

Tamisez la farine et le sel dans une jatte. Ajoutez l'œuf et fouettez avec assez d'eau pour obtenir une pâte légère.

Huilez légèrement une poêle de 20 cm de diamètre. A feu doux, versez de la pâte pour napper le fond de la poêle. Quand elle est dorée en-dessous, retournez la crêpe et laissez cuire l'autre face. Répétez jusqu'à épuisement de la pâte.

Pour la farce, chauffez l'huile dans une poêle et faites-y revenir le porc. Ajoutez l'ail et les légumes : faites revenir 2 minutes. Incorporez les crevettes et la sauce soja.

Posez 2 à 3 cuillères à soupe de farce sur chaque crêpe. Repliez les bouts et roulez-les. Collez le bord avec un peu de farine et d'eau mélangées.

Faites chauffer l'huile dans une friteuse. Faites frire les rouleaux de printemps par petites quantités à la fois. Égouttez sur du papier absorbant. Servez immédiatement.

Pour 4 à 6 personnes

Rouleaux de printemps

Rouleaux frits

250 g de farine
une pincée de sel
1 œuf
30 cl d'eau
GARNITURE :
1 cuillère à soupe
   d'huile
1 cuillère à café de
   gingembre* haché
2 gousses d'ail
   écrasées
250 g de blanc de
   poulet, sans peau,
   coupé en dés
2 cuillères à soupe
   de sauce soja*
1 cuillère à soupe de
   vin blanc sec
125 g de
   champignons de
   Paris émincés
2 branches de céleri
   émincé
3 ciboules coupées
50 g de crevettes
   décortiquées
1 cuillère à soupe de
   coriandre* hachée

Tamisez la farine et le sel dans une jatte, ajoutez l'œuf, un peu d'eau et battez pour obtenir une pâte lisse.

Huilez légèrement une poêle de 20 cm et mettez sur feu modéré. Versez un peu de pâte, juste pour couvrir le fond et faites dorer. Retournez et cuisez l'autre face ; répétez l'opération.

Pour la garniture, chauffez l'huile dans un wok ou une friteuse, ajoutez l'ail, le gingembre et faites cuire 30 secondes. Ajoutez le poulet et faites dorer rapidement. Ajoutez la sauce soja et le vin blanc, puis les champignons, le céleri et les ciboules. Augmentez le feu et faites cuire 1 minute en tournant. Hors du feu, incorporez les crevettes, la coriandre et laissez tiédir.

Disposez 2 ou 3 cuillères à soupe de garniture au centre de chaque crêpe. Repliez les bords, formez un rouleau serré et fermez les bords avec un peu de farine et d'eau. Faites frire par petites quantités à la fois pendant 2 ou 3 minutes.
Pour 4 à 6 personnes

Pilons frits

8 pilons de poulet
50 g de farine
1 œuf battu
huile à friture
MARINADE :
2 cuillères à soupe
   de vin blanc sec
2 cuillères à soupe
   de sauce soja*
1 pincée de sucre
4 gouses d'ail
   écrasées
2 cuillères à café de
   gingembre* haché
4 ciboules hachées
POUR DÉCORER :
tranches de citron
brins de persil

Mettez dans une jatte les ingrédients de la marinade : vin, sauce soja, sucre, ail, gingembre et ciboules ; ajoutez le poulet et tournez en mélangeant bien. Laissez reposer 30 minutes. Retirez le poulet ; gardez la marinade.

Tamisez la farine dans une jatte et battez l'œuf. Versez peu à peu la marinade pour obtenir une pâte homogène. Plongez dedans les morceaux de poulet de façon à bien les enrober. Chauffez l'huile dans un wok ou une friteuse et faites frire les pilons 12 à 15 minutes pour les cuire et les dorer. Égouttez sur un papier absorbant.

Servez aussitôt avec une décoration de citron et de persil.
Pour 4 personnes

Rouleaux frits ; pilons frits

Tempura

1 l d'huile à friture
12 gambas avec les
  queues
500 g de filets de
  plie ou de sole
  coupés en petits
  morceaux
8 champignons de
  Paris
1 botte de ciboules
  coupées en
  morceaux de
  3,5 cm
1 poivron rouge et
  1 poivron vert,
  évidés et émincés
1 gros oignon coupé
1/2 petit chou-fleur
  séparé en bouquet
1/2 petite aubergine
  hachée
PATE :
1 œuf
15 cl d'eau
125 g de farine
50 g de maïzena
1 pincée de sel
SAUCE :
30 cl de consommé
  de poulet en boîte
4 cuillères à soupe
  de vin blanc sec
4 cuillères à soupe
  de sauce soja*

Pour la pâte, battez l'œuf et l'eau dans une grande jatte jusqu'à ce qu'il soit mousseux. Tamisez ensemble la farine, la maïzena, le sel et les incorporer peu à peu. Chauffez l'huile dans un wok ou une friteuse. Plongez le poisson et les légumes dans la pâte, puis, par fournées, faites frire jusqu'à ce qu'ils soient dorés. Égouttez sur du papier absorbant ; gardez au chaud. Chauffez ensemble les ingrédients de la sauce, puis versez-les dans une saucière chaude. Servez avec le tempura.

Pour 4 à 6 personnes

> **Tempura**
>
> Un des plats japonais les plus célèbres ; la pâte est si fine que les aliments, même frits, conservent leur couleur et leur croquant. L'huile de sésame ajoutée à l'huile de friture donne un petit goût de noisette. Pour bien réussir ce plat, le poisson et les légumes doivent être glacés avant d'être passés dans la pâte, au dernier moment.

Légumes frits

Légumes frits

500 g de légumes
  variés : coupés en
  petits morceaux
huile à friture
SAUCE A L'AVOCAT :
1 ou 2 gousses d'ail
  hachées
1 petit oignon haché
4 tomates pelées,
  épépinées,
  concassées
1 cuillère à café de
  poivre de
  Cayenne*
2 avocats pelés,
  dénoyautés
1 cuillère à soupe de
  feuilles de
  coriandre*
  hachées
1 pincée de
  coriandre* moulue
1 cuillère à soupe de
  jus de citron vert
PATE :
125 g de farine
1 pincée de sel
1 cuillère à soupe
  d'huile
15 cl d'eau
2 blancs d'œufs
  battus en neige
  très ferme

Passez les ingrédients de la sauce au mixeur. Mettez-la dans un bol, couvrez de film alimentaire et mettez au réfrigérateur, pas plus de 30 minutes.

Pour la pâte, tamisez la farine et le sel dans une jatte, versez peu à peu l'huile et l'eau, puis incorporez les blancs d'œufs. Chauffez l'huile dans un wok ou une friteuse. Plongez les légumes dans la pâte, puis faites-les frire par fournées pendant 2 ou 3 minutes pour les dorer. Égouttez sur un papier absorbant. Servez avec la sauce à l'avocat.

Pour 6 personnes

Œufs au thé

10 gros œufs
1,2 l d'eau
25 g de feuilles de thé de Chine
2,5 cl de vin de riz* ou de vin blanc sec
2 fines tranches de gingembre* écrasé
1 bâton de cannelle* de 7,5 cm
3/4 cuillère à soupe de sel
1/2 cuillère à soupe de sauce soja*
2 graines d'anis étoilé* entières

Mettez les œufs dans une grande casserole. Remplissez d'eau. Ils doivent baigner complètement. Sur feu modéré, portez l'eau à ébullition, puis laissez frémir 10 minutes. Égouttez les œufs dans une passoire et passez-les sous l'eau froide.

Dans une casserole, mélangez tous les autres ingrédients avec la mesure d'eau. Portez à ébullition sur feu modéré.

Couvrez et laissez frémir 15 minutes.

Avec le dos d'une cuillère, tapez légèrement sur les coquilles pour les craqueler, mais ne les écalez pas. Ajoutez les œufs au mélange de thé. Couvrez et laissez frémir doucement 45 minutes.

Retirez la casserole du feu et laissez les œufs tiédir dans le liquide.

Écalez soigneusement les œufs ; on peut les consommer chauds, à température ambiante ou froids.

Pour 10 œufs

Curry d'œufs

2 à 3 cuillères à soupe d'huile
1 bâton de cannelle* de 5 cm
6 gousses de cardamome*
6 clous de girofle
2 oignons finement hachés
2 gousses d'ail finement hachées
1 morceau de gingembre* de 2,5 cm, râpé
4 piments verts*, 2 hachés et 2 fendus
50 cl de lait de coco épais*
sel
1/4 cuillère à café de noix de muscade râpée
6 œufs durs coupés en deux

Chauffez l'huile dans une casserole et ajoutez la cannelle, les gousses de cardamome et les clous de girofle. Faites revenir quelques secondes, puis ajoutez les oignons, l'ail, le gingembre et les piments hachés. Faites frire doucement en tournant jusqu'à ce qu'ils soient dorés.

Versez dessus le lait de coco et portez à ébullition. Ajoutez le sel, la muscade et les piments verts fendus ; faites frémir 10 minutes ou jusqu'à ce que la sauce soit épaisse. Ajoutez les œufs et laissez encore frémir 5 minutes.

Servez dans un plat chaud.

Pour 4 personnes

Œufs sauce piment

1 cuillère à café de piment rouge* séché
2 oignons hachés
4 gousses d'ail
15 g de cacahuètes non salées
1 cuillère à café de citronnelle* en poudre
1 cuillère à café de blachan*
1 cuillère à café de sel
1 cuillère à café de sucre
2 cuillères à soupe d'huile
30 cl de lait de coco épais*
6 feuilles de curry*
6 œufs durs

Passez les 8 premiers ingrédients au mixeur.

Chauffez l'huile dans un wok ou une sauteuse et faites revenir cette pâte d'épices pendant 3 ou 4 minutes ; tournez ; ajoutez un peu d'eau si cela devient trop sec. Ajoutez le lait de coco, les feuilles de curry, et portez à ébullition. Ajoutez les œufs et faites frémir 15 minutes, ou jusqu'à ce que la sauce épaississe.

Servir sur un plat chaud.

Pour 4 personnes

Œufs sauce piment ; curry d'œufs

Boulettes de crevettes

500 g de crevettes
    fraîches
    décortiquées
2 œufs battus
50 g de noix de
    coco* fraîche
    râpée
1 cuillère à soupe de
    maïzena
1 cuillère à café de
    coriandre* moulue
sel
25 cl d'huile

Passez les crevettes au mixeur pour les hacher grossièrement. Les mettre dans une grande jatte. Ajoutez tous les autres ingrédients, sauf l'huile, et tournez pour bien mélanger. Couvrir et mettez 1 heure au réfrigérateur.

Chauffez l'huile dans un wok ou une sauteuse à feu vif. Jetez dans la friture des cuillères de ce mélange. Faites cuire 3 minutes en tournant de temps en temps jusqu'à ce que ce soit légèrement doré. Retirez avec une écumoire et égouttez sur un papier absorbant. Recommencez avec le reste du mélange. Disposez sur un plat chaud et servez aussitôt.

Pour 30 boulettes environ.

Oeufs pochés au curry

3 cuillères à soupe
    d'huile
1 cuillère à café de
    graines de
    moutarde*
6 feuilles de curry*
4 oignons finement
    hachés
2 gousses d'ail
    écrasées
2 à 4 piments verts*
    émincés
1 morceau de
    gingembre* de
    3 cm, râpé
1 cuillère à café de
    curcuma*
1 cuillère à soupe de
    coriandre* moulue
1 cuillère à café de
    poivre de
    Cayenne*
sel
1 boîte (400 g) de
    tomates concassées
4 œufs

Chauffez l'huile dans une grande poêle, ajoutez les graines de moutarde et les feuilles de curry. Quand les graines commencent à grésiller, ajoutez les oignons, l'ail, les piments et le gingembre. Faites frire en tournant pour faire dorer.

Ajoutez le curcuma, la coriandre, le poivre de Cayenne, salez à votre goût, et faites frire 2 à 3 minutes en tournant. Incorporez les tomates et faites cuire 15 à 20 minutes ; ajoutez un peu d'eau si le curry devient trop épais.

Rectifiez le sel, si nécessaire. Cassez les œufs dans le curry et laissez cuire doucement jusqu'à ce qu'ils soient à votre goût. Servez immédiatement.

Pour 4 personnes

Œufs pochés au curry ; curry d'œufs au yaourt

Curry d'œufs au yaourt

50 g de beurre
2 gousses d'ail
    écrasées
1 cuillère à soupe de
    gingembre* râpé
1 oignon haché
1/2 cuillère à café
    de curcuma*
1 cuillère à café de
    poivre de
    Cayenne*
5 cuillères à soupe
    de yaourt
1 boîte (225 g) de
    tomates hachées
sel
6 œufs durs
1 cuillère à soupe de
    feuilles de
    coriandre* hachées

Faites fondre le beurre dans une grande poêle, ajoutez l'ail, le gingembre, l'oignon, et faites dorer à feu doux. Mettre ensuite le curcuma, la poudre de piment et faites frire en tournant pendant quelques secondes.

Incorporez une cuillère à soupe de yaourt. Quand elle a été bien absorbée, ajoutez une autre cuillerée. Lorsqu'il n'y a plus de yaourt, versez les tomates avec leur jus.

Salez et ajoutez les œufs. Retournez-les pour les enrober de sauce. Couvrez et laissez frémir 10 minutes.

Saupoudrez le dessus de coriandre (si vous en mettez) et laissez encore frémir 5 minutes. Servez aussitôt.

Pour 4 personnes

POISSONS

Étant donné que les pays d'Extrême-Orient sont entourés d'eau, le poisson joue une rôle vital dans l'alimentation, qu'il soit frais ou séché. La réfrigération n'étant pas aussi courante qu'en Occident, les Orientaux suivent la tradition millénaire de conservation par le séchage au soleil. Certains poissons sont transformés en pâte ou en liquide, qui constituent des assaisonnements indispensables.

Cependant, dans les pages suivantes, nous insistons sur les plats à base de poissons frais et de coquillages. Parmi les nombreuses recettes que nous vous proposons se trouvent le poisson en sauce aigre-douce, le poisson des cinq saules, le curry de poisson, les crevettes frites au cinq-parfums et le poisson à la javanaise.

Un poisson frais doit avoir l'œil brillant, les ouies rouges, la chair ferme au toucher, des écailles luisantes et une odeur peu forte. Si vous achetez des filets ou des darnes, recherchez une chair élastique qui ne se sépare pas facilement des arêtes et bien sûr une odeur agréable. Pour les coquillages, ils doivent être bien fermés ou se fermer au toucher.

Pour la cuisson du poisson frais, comptez 10 minutes pour une épaisseur de 2 à 3 cm. Le poisson doit être cuit jusqu'au moment où la chair devient opaque et s'effeuille facilement à la fourchette.

Poisson à la cantonaise

4 champignons
  parfumés*
1 poisson de 1 kg
  (truite, mulet,
  bar), nettoyé
2 morceaux de
  gingembre*
2 ciboules
50 g de jambon
50 g de pousses de
  bambou*
MARINADE :
2 ciboules hachées
1 gousse d'ail
  émincée
3 cuillères à soupe
  de sauce soja*
2 cuillères à soupe
  de vin blanc sec
2 cuillères à soupe
  de bouillon de
  poule
2 cuillères à café de
  maïzena

Faites tremper les champignons 15 minutes dans l'eau chaude. Pressez-les bien pour en extraire l'eau, équeutez-les et coupez les têtes en lamelles.

Faites 3 incisions de chaque côté du poisson. Mettez-le dans un plat peu profond.

Mélangez tous les ingrédients de la marinade et versez sur le poisson. Laissez mariner 30 minutes.

Coupez en fines lanières le gingembre, la ciboule, le jambon, les pousses de bambou, et mélangez le tout avec les champignons.

Disposez le poisson sur une assiette supportant la chaleur. Arrosez-le avec la marinade. Mettez le plat dans une marmite à vapeur. Parsemez avec le mélange aux champignons et faites cuire à feu vif 15 à 20 minutes. Le poisson doit être tendre.

Pour 4 à 6 personnes

Crevettes frites au cinq-parfums

4 cuillères à soupe
  de farine
1 cuillère à café de
  levure chimique
1 pi...
1/2 ...
  de ...
1 mo...
  gi...
1 œu...
4-5 ...
  d'e...
500 g...
  cre...
  déc...
huile ...
POUR ...
cibou...
rondel...

Tamisez la farine, la levure, le sel et le cinq-parfums dans une jatte. Ajoutez le gingembre. Faites un puits au milieu et cassez-y l'œuf.

...iquement la pâte, en ...assez d'eau pour la ...égère.

...er l'huile dans une ... chaque crevette ...is jetez-les par 2 ou ...uillante. Laissez-les ...utes : elles doivent

...ur du papier ...ez au chaud.

...revettes dans un plat ... Décorez avec la ...n. Servez

...nes

_bm X_
Mais laisse
une o deux
desi prea'ble
de la mecum

Poisson...   ... cinq-parfums

Saumon en papillotes

1 cuillère à soupe
   d'huile
4 tranches de
   saumon de 175 g
   chaque
2 cuillères à soupe
   de saké* ou de vin
   blanc
2 cuillères à soupe
   de sauce soja*
sel et poivre
1 petit oignon en
   fines rondelles
1 citron en tranches
   fines
branches d'aneth
   frais (facultatif)

Huilez quatre carrés de papier aluminium de 20 cm de côté, puis placez sur chacun une tranche de saumon assaisonné avec 1/2 cuillère à soupe de saké, 1/2 cuillère à soupe de sauce soja, sel et poivre. Ajoutez sur chaque tranche 4 ou 5 rondelles d'oignon et 2 tranches de citron. Placez l'aneth sur le dessus (si vous en mettez) et fermez bien chaque papillote. Faites cuire 20 minutes dans un four préchauffé à 200°. Servez sur des assiettes chaudes.

Pour 4 personnes

Poisson en sauce aigre-douce

1 grand carrelet,
   nettoyé
sel
2 morceaux de
   gingembre*,
   émincés
3 ciboules, en
   rondelles
SAUCE :
15 cl de bouillon
1 cuillère à soupe de
   sauce soja*
1 cuillère à soupe de
   sucre
1 cuillère à soupe de
   vinaigre
1 cuillère à soupe de
   vin blanc sec
1 cuillère à soupe de
   concentré de
   tomate
1 cuillère à café de
   sauce chili
1 pincée de sel
1 cuillère à soupe de
   maïzena

Faites trois incisions de chaque côté du poisson. Badigeonnez-le de sel et parsemez avec le gingembre et la ciboule, après l'avoir posé sur une assiette résistant à la chaleur que vous mettrez dans une marmite à vapeur. Laissez cuire 10 à 15 minutes. Il doit être tendre.

Pendant ce temps, préparez la sauce. Mélangez tous les ingrédients, à l'exception de la maïzena, dans une petite casserole. Portez à ébullition et laissez cuire 1 minute. Délayez la maïzena dans 2 cuillères à coupe d'eau et versez dans la sauce. Laissez sur le feu, tout en remuant, pour que la sauce épaississe.

Disposez avec soin le carrelet sur un plat de service chaud. Arrosez avec la sauce et servez chaud.

Pour 4 personnes

NOTE : on peut utiliser indifféremment un carrelet frais ou congelé.

Poisson en papillotes

4 filets de carrelets
   ou de sole, de
   130 g chacun
1 pincée de sel
2 culllères à soupe
   de vin blanc sec
1 cuillère à soupe
   d'huile
2 cuillères à soupe
   de ciboule, coupée
   en lanières
2 cuillères à soupe
   de gingembre*,
   coupé en lanières
huile à friture
fleurs de ciboule*

Coupez les filets de poisson en carrés de 2 cm de côté. Passez-les dans le sel et le vin blanc.

Découpez des carrés de 15 cm dans un papier sulfurisé résistant à la chaleur et badigeonnez-les d'huile. Disposez au milieu de chaque carré un morceau de poisson. Parsemez-le d'un peu de ciboule et de gingembre. Fermez, en repliant soigneusement le papier sur les côtés.

Faites chauffer l'huile dans une friteuse à 180°. Plongez les papillotes 3 minutes dans l'huile bouillante. Égouttez-les sur du papier absorbant et disposez-les sur un plat de service chaud. Chaque convive retire lui-même le papier sulfurisé avec ses baguettes.

Pour 4 personnes

Poisson en papillotes

Poisson au lait de coco

750 g de filets de
morue, la peau
retirée
2 cuillères à soupe
de farine
4 cuillères à soupe
d'huile
2 oignons coupés en
rondelles
2 gousses d'ail
écrasées
1 cuillère à café de
curcuma*
1 piment vert haché*
2 cuillères à soupe
de jus de citron
20 cl de lait de coco
épais*

Coupez le poisson en quatre
morceaux, passez-le dans la farine.
Faites-les revenir rapidement des
deux côtés dans l'huile chaude d'une
poêle. Retirez-les et mettez-les de
côté.

Faites dorer dans la poêle l'oignon
et l'ail. Ajoutez le curcuma, le
piment, le jus de citron, le lait de
coco, salez et laissez frémir
10 minutes.

Faites cuire, à feu doux, 2 à
3 minutes le poisson dans cette sauce
épaisse.

Pour 4 personnes

Poisson au lait de coco ; poisson au four

Poisson au four

4 cuillères à soupe
d'huile
125 g de noix de
coco râpée*
5 cm de gingembre
haché*
1 gros oignon haché
4 gousses d'ail
hachées*
1 piment vert
épépiné et haché*
1/2 cuillère à café
de poivre de
Cayenne*
2 cuillères à soupe
de coriandre
hachée*
4 cuillères à soupe
de jus de citron
1 kg de tranches de
cabillaud

Faites revenir à feu doux dans l'huile
chaude d'une poêle la noix de coco,
le gingembre, l'oignon, l'ail, le
piment, le poivre de Cayenne.
Ajoutez la coriandre, le jus de citron,
salez et laissez cuire 15 minutes.

Huilez un plat à four de la taille
du poisson. Disposez les tranches de
poisson, répartissez dessus le
mélange d'épices. Faites cuire
25 minutes dans un four à 160°.

Pour 4 personnes

Truite au chou salé

*2 cuillères à soupe
d'huile
1 oignon haché
2 morceaux de
gingembre*, en
fines lanières
4 truites, nettoyées
15 cl de bouillon
30 g de chou en
saumure, haché*
30 g de pousses de
bambou*, coupées
en morceaux
1 cuillère à soupe de
sauce soja*
2 cuillères à café de
vin blanc sec*

Faites chauffer l'huile dans un wok ou une poêle profonde. Ajoutez l'oignon, le gingembre et laissez cuire 1 minute. Ajoutez la truite et faites-la revenir 1 minute de chaque côté. Elle doit brunir.

Arrosez avec le bouillon. Ajoutez le chou, les pousses de bambou, la sauce de soja et le vin blanc. Laissez cuire 10 minutes, en arrosant le poisson de temps en temps.

Transférez le tout sur un plat de service chaud et décorez avec des rondelles de citron.
Servez immédiatement.
Pour 4 personnes

Poisson des cinq saules

*1 petit concombre
2 carottes
1 morceau de
gingembre*,
émincé
3 ciboules hachées
2 gousses d'ail, l'une
écrasée, l'autre
coupée en lamelles
12 cl de vinaigre
1 mulet gris, 1 carpe
ou 1 bar, nettoyé
4 cuillères à soupe
d'huile
1 cuillère à soupe de
sauce hoisin*
2 cuillères à soupe
de sucre
1 cuillère à soupe
d'huile de
sésame*
concombre en
éventail*
fleur de carotte*

Coupez le concombre en deux dans le sens de la longueur. Retirez le milieu. Coupez la chair du concombre et les carottes en julienne.

Mélangez bien le concombre, les carottes, le gingembre, la ciboule et l'ail écrasé dans une jatte. Laissez mariner 30 minutes.

Faites trois incisions de chaque côté du poisson. Faites chauffer l'huile dans une sauteuse. Ajoutez l'ail en lamelles et faire revenir 1 minute. Puis ajoutez le poisson et saisissez-le de chaque côté 1 minute : il doit brunir.

Ajoutez les légumes et la marinade. Arrosez avec la sauce hoisin et le sucre. Laissez cuire encore 2 minutes. Enfin, ajoutez l'huile de sésame.

Déposez le poisson dans un plat de service chaud. Versez dessus les légumes et la sauce. Décorez avec le concombre en éventail et la fleur de carotte. Servez immédiatement.
Pour 4 à 6 personnes

Truite au chou salé ; poisson des cinq saules

Haddock sauce piment

4 cuillères à soupe
  d'huile
2 gros oignons
  émincés
3 gousses d'ail
  écrasées
750 g de filets de
  haddock en
  morceaux
2 cuillères à soupe
  de farine
1 cuillère à café de
  curcuma*
2 piments verts*
  coupés fin
2 cuillères à soupe
  de jus de citron
20 cl de lait de
  coco* épais
sel
POUR DÉCORER
Fleurs de piment*

Chauffez l'huile dans un wok ou une friteuse, mettez les oignons et faites-les dorer. Ajoutez l'ail et laissez cuire 30 secondes. Retirez-les de la poêle avec une écumoire et mettez-les de côté.

Passez le poisson dans la farine, mettez-le dans la poêle et faires dorer rapidement de tous les côtés. Égouttez sur un papier absorbant.

Remettez les oignons et l'ail dans la poêle, ajoutez le curcuma, les piments, et faites cuire 1 minute. Incorporez le jus de citron, le lait de coco et salez à votre goût. Laissez frémir 10 minutes à découvert en tournant, pour que la sauce épaississe.

Remettez le poisson dans la poêle et chauffez 2 ou 3 minutes. Servez dans un plat chaud et décorez de fleurs de piment.
Pour 4 personnes

Crevettes à la noix de coco

4 cuillères à soupe
  d'huile
1 gros oignon émincé
4 gousses d'ail
  émincées
2 cuillères à café de
  coriandre* moulue
1 cuillère à café de
  curcuma*
1 cuillère à café de
  poivre de
  Cayenne*
1/2 cuillère à café
  de gingembre*
  moulu
sel et poivre
2 cuillères à soupe
  de vinaigre
20 cl de lait de
  coco*
2 cuillères à soupe
  de concentré de
  tomates
500 g de crevettes
  décortiquées

Chauffez l'huile dans un wok ou une friteuse, y mettre l'oignon et l'ail et faites dorer doucement.

Mélangez ensemble les épices dans un bol, salez, poivrez, incorporez le vinaigre et mélangez pour obtenir une pâte. Mettez dans la poêle et faites frire 3 minutes, en tournant constamment.

Ajoutez l'huile de coco, le concentré de tomates et laissez frémir 5 minutes.

Mettez les crevettes et faites chauffer 2 ou 3 minutes jusqu'à ce qu'elles soient imprégnées de sauce.

Mettez dans un plat chaud et décorez de crevettes entières et de tranches de citron.
Pour 4 personnes

Haddock sauce piment ; crevettes à la noix de coco

Poisson sauce piquante

1,250 kg de mulet,
  de bar ou de
  truite nettoyé
2 morceaux de
  gingembre* de
  2,5 cm haché fin
3 ciboules hachées
50 g de lardons
  découennés
1 boîte (50 g) de
  pousses de
  bambou* coupées
  en lanières
2 cuillères à soupe
  de feuilles de
  coriandre*
  hachées
SAUCE PIQUANTE :
1 cuillère à soupe de
  maïzena
2 cuillères à soupe
  d'eau
15 cl de bouillon de
  poisson ou d'eau
1 cuillère à soupe de
  chaque : sauce
  soja*, cassonade,
  vinaigre
de vin, vin blanc sec
  et concentré de
  tomates
1 piment écrasé
POUR DÉCORER :
feuilles de
  coriandre*
fleurs de tomate*

Faites trois incisions sur chaque côté du poisson. Mélangez ensemble le gingembre, les ciboules, les lardons, les pousses de bambou, la coriandre, mettez-les dans les incisions et appuyez bien. Mettez le poisson dans un plat à feu posé au fond d'un wok et cuisez vivement à la vapeur pendant 15 minutes, ou jusqu'à ce que la chair soit moelleuse.

Pendant ce temps, mélangez la maïzena avec l'eau, incorporez les autres ingrédients de la sauce, mettez dans une petite poêle et mélangez bien. Portez à ébullition et faites cuire en tournant pendant 2 minutes pour faire épaissir.

Avec précaution, déposez le poisson sur un plat chaud, décorez de coriandre et de fleurs de tomates, et servez avec la sauce piquante.
Pour 4 personnes

Truites à la chinoise

1 cuillère à soupe
  d'huile de
  sésame*
1 cuillère à soupe de
  sauce soja*
1 cuillère à soupe de
  vin blanc sec
2 truites nettoyées,
  1 kg au total
4 gousses d'ail
  hachées fin
6 ciboules en
  lanières
4 cm de gingembre*
  émincé
2 cuillères à soupe
  de vermouth blanc
  sec
2 cuillères à soupe
  d'huile

Mélangez l'huile de sésame, la sauce soja et le vin blanc et badigeonnez-en la peau et l'intérieur de chaque poisson.

Mélangez l'ail, les ciboules, le gingembre, et mettez-en le quart à l'intérieur de chaque poisson.

Placez le poisson sur un plat à feu, répartissez dessus le reste du mélange d'ail et versez dessus le vermouth et l'huile. Mettez le plat dans le wok et cuisez vivement à la vapeur pendant 15 minutes, ou jusqu'à ce que la chair soit moelleuse.

Disposez le poisson sur un plat chaud, arrosez-le de jus et servez aussitôt.
Pour 4 personnes

La vapeur

C'est le mode de cuisson le plus ancien. Les paniers en bambou, de différentes tailles, sont destinés à être posés sur un wok ou sur une casserole. L'un des avantages de ce système est que l'on peut superposer plusieurs paniers.

Si vous n'avez pas de paniers de bambou, mettez l'aliment sur une assiette posée dans le wok et couverte. Mettez une feuille de papier aluminium sous l'assiette pour pouvoir la retirer facilement du wok.

Poisson sauce piquante ; truite à la chinoise

Sole sauce satay

25 g de beurre
1 petit oignon haché très fin
1 cuillère à soupe de chaque :
ciboulette, estragon, persil
zeste râpé d'1/2 citron
8 filets de sole
1 œuf battu
4-5 cuillères à soupe de chapelure
POUR DÉCORER
quartiers de citron vert
SAUCE SATAY :
1 cuillère à café de chaque : graines de coriandre*, cumin*, fenouil*
2 gousses d'ail écrasées
125 g de beurre de cacahuète
1 cuillère à café de cassonade
2 piments verts* épépinés, hachés fin
150 g de crème de noix de coco* diluée dans 50 cl d'eau chaude
3 cuillères à soupe de jus de citron vert

Faites d'abord la sauce : chauffez le wok ou la friteuse, ajoutez les graines écrasées, et faites revenir en tournant pendant 2 minutes. Ajoutez l'ail, le beurre de cacahuète, le piment, le lait de coco, tournez bien et faites cuire doucement 7 à 8 minutes. Ajoutez le jus de citron ; gardez au chaud.

Faites fondre le beurre dans la poêle, mettez les oignons et laissez-les fondre 1 minute. Incorporez les herbes et le zeste de citron. Laissez un peu refroidir, puis répartissez sur le poisson. Roulez chaque filet, fixez-le avec une pique en bois, passez-le dans l'œuf battu, puis dans la chapelure. Faites dorer 4 à 5 minutes dans la friture. Égouttez sur du papier absorbant et disposez sur un plat chaud. Servez avec la sauce satay et décorez avec les quartiers de citron vert.

Pour 4 personnes

Lotte sauce aux herbes

750 g de lotte
15 cl de vin blanc sec
1 bouquet garni
sel, poivre
125 g de beurre
2-3 petits oignons finement hachés
2 petits poireaux coupés fin
2 cuillères de chaque, hachés : persil, thym, cresson, marjolaine
POUR DÉCORER
fines herbes

Placez la lotte dans un wok ou une friteuse, versez dessus le vin, ajoutez le bouquet garni, salez, poivrez. Portez lentement à ébullition, puis couvrir et laissez frémir doucement 8 à 10 minutes jusqu'à ce que la chair soit moelleuse. Retirez du feu et laissez tiédir.

Avec une écumoire, sortez le poisson ; égouttez-le bien et retirez les arêtes.

Jetez le bouquet garni, puis faites réduire le liquide de moitié à feu vif. Sortez-le et mettez-le de côté.

Épongez le wok avec du papier absorbant. Dedans, faites fondre le beurre, ajoutez les oignons et les poireaux, et faites revenir 5 minutes sans dorer. Incorporez les herbes hachées.

Remettez le poisson et le liquide dans le récipient, et réchauffez doucement. Salez, poivrez, décorez avec les herbes et servez aussitôt.

Pour 4 personnes

Sole sauce Satay ; lotte sauce aux herbes

Crevettes sauce piment

*1 cuillère à soupe
d'huile
3 ciboules hachées
2 cuillères à café de
gingembre* haché
250 g de crevettes
décortiquées
125 g de mange-tout
1/2 cuillère à café
de poivre de
Cayenne*
1 cuillère à café de
concentré de
tomate
1/4 de cuillère à
café de sel
1/2 cuillère à café
de sucre
1 cuillère à soupe de
vin blanc sec
1/2 cuillère à café
d'huile de
sésame*
crevettes entières*

Chauffez l'huile dans un wok ou une friteuse ; faites frire les ciboules et le gingembre 30 secondes en tournant. Ajoutez les crevettes, les mange-tout, le poivre de Cayenne, le concentré de tomate, le sel, le sucre, le vin blanc, et faites revenir 5 minutes à feu vif. Versez dessus l'huile de sésame et disposez sur un plat chaud. Décorez avec les crevettes entières et servez.

Pour 4 personnes

Crabe sauce haricots

*2 cuillères à soupe
d'huile
2 cuillères à soupe
de haricots noirs*
salés coupés
grossièrement
2 gousses d'ail
écrasées
2 cuillères à soupe
de gingembre
coupé fin
4 ciboules hachées
250 g de porc
maigre finement
haché
La chair de 1 gros
crabe cuit
2 cuillères à soupe
de vin blanc sec
30 cl de bouillon de
poule
2 œufs battus
1 ou 2 cuillères à
café d'huile de
sésame**

Chauffez l'huile dans un wok ou une friteuse, ajoutez les haricots noirs, l'ail, le gingembre, les ciboules, et faites-les revenir 30 secondes à feu vif en tournant. Mettez le porc et faites dorer rapidement 1 minute. Ajoutez le crabe, le vin, le bouillon et faites bouillir 8 à 10 minutes.

Mélangez les œufs, l'huile de sésame et versez-les dans le wok. Cuisez 30 secondes jusqu'à ce que les œufs forment des filaments. Mettez dans un plat chaud ; décorez, si vous voulez, de fleurs de ciboule et servez.

Pour 4 personnes

Poisson aux haricots noirs

*3 cuillères à soupe
de haricots noirs*
2 cuillères à soupe
d'huile
2 ciboules hachées
1 morceau de
gingembre*, haché
1 petit poivron
rouge, évidé,
épépiné et coupé
en dés
2 branches de céleri
hachées
2 cuillères à soupe
de sauce soja*
2 cuillères à soupe
de vin blanc sec
4 tranches de
cabillaud ou
d'églefin, de 150 g
chacune*

Faites tremper les haricots noirs 10 minutes dans l'eau chaude. Égouttez-les.

Faites chauffer l'huile dans un wok ou une sauteuse. Ajoutez la ciboule, le gingembre, le poivron rouge, le céleri, et faites revenir 1 minute tout en tournant. Arrosez avec la sauce soja et le vin blanc. Disposez le poisson sur les légumes et laissez mijoter 5 à 10 minutes, selon la grosseur du poisson. Il doit être presque tendre. Parsemez avec les haricots noirs et laissez cuire 2 autres minutes.

Disposez le poisson sur un plat de service chaud et arrosez avec la sauce.

Servez chaud.

Pour 4 personnes

Crabe sauce haricots ; crevettes sauce piment

Poisson à la javanaise

3 cuillères à soupe
   de maïzena
1 cuillère à café de
   sel
750 g de filets de
   haddock épais, en
   lanières
4 à 6 cuillères à
   soupe d'huile
2 oignons émincés
3 gousses d'ail
   hachées
1 morceau de
   gingembre* de
   2,5 cm haché
30 cl d'eau
2 cuillères à soupe
   de sauce soja*
1 cuillère à café de
   sucre
1 pincée de muscade
2 cuillères à soupe
   de jus de citron

Mélangez la maïzena et le sel sur
une assiette, et passez légèrement
dedans les morceaux de poisson.
Chauffez la moitié de l'huile dans un
wok ou une poêle, mettez-y le
poisson et faites-le revenir. Retirez-le
et mettez-le de côté.
   Rincez le récipient et remettez-le
sur le feu avec le reste d'huile.
Ajoutez les oignons, l'ail, le
gingembre, et faites dorer Versez
dessus l'eau, la sauce soja, le sucre,
la muscade et le jus de citron.
Remettez le poisson, et faites frémir
à découvert 5 à 10 minutes, ou
jusqu'à ce que le poisson soit cuit.
Servez sur un plat chaud.
Pour 4 personnes

Crevettes aux piments

2 cuillères à soupe
   d'huile
2 oignons émincés
1 piment rouge* haché
500 g de crevettes
   crues décortiquées
30 cl d'eau
jus de 1 citron
PATE ÉPICÉE :
1 à 1 1/2 cuillère à
   café de Cayenne*
4 oignons en cube
2 gousses d'ail
2,5 cm de
   gingembre* haché
1 cuillère à café de
   blachan*
1 cuillère à café de
   sucre
1 cuillère à café de sel
zeste de 1 citron

Faites d'abord la pâte épicée : battez
tous les ingrédients dans un mixeur
pour obtenir une consistance
homogène.
   Chauffez l'huile dans un wok ou
une friteuse ; faites revenir en
tournant les oignons et le piment
jusqu'à ce qu'ils soient dorés.
Ajoutez la pâte épicée et faites-la
frire 5 minutes en tournant.
Incorporez les crevettes. Au bout de
quelques minutes, quand elles
deviennent roses, mettez l'eau et le
jus de citron. Salez, si c'est
nécessaire, et faites cuire 15 à
20 minutes pour faire épaissir la
sauce. Servez sur un plat chaud.
Pour 4 personnes

Poisson à la javanaise ; crevettes aux piments

Machi Mussalam

*1 kg de tranches de
  cabillaud
1 cuillère à café de
  sel
150 g de yaourt
  nature
4 cuillères à soupe
  d'huile
2 oignons émincés
1 morceau de
  gingembre* de
  2,5 cm, haché fin
2 piments verts*
2 gousses d'ail
1 cuillère à café de
  fenugrec* en
  grains
POUR DÉCORER :
feuilles de
  coriandre*
  (facultatif)*

Saupoudrez de sel le poisson, et
faites mariner dans le yaourt 1 heure
environ, en le tournant 1 fois ou 2.

Chauffez une cuillère d'huile dans
une casserole et faites rissoler l'un
des oignons pour qu'il soit
croustillant. Le mettre ensuite dans
un mixeur avec l'oignon qui reste, le
gingembre, les piments, l'ail et
battez pour obtenir une pâte lisse.

Faites chauffer le reste de l'huile
dans une grande poêle avec un
couvercle. Faites frire 30 secondes
les graines de fenugrec, puis ajoutez
la pâte et faites frire jusqu'à ce
qu'elle prenne une couleur brune.
Mettez ensuite le poisson et le
yaourt. Tournez soigneusement et
arrosez le poisson avec le mélange.
Couvrez et laissez frémir 5 à
10 minutes : si c'est trop sec,
humectez avec 2 cuillères d'eau ;
sinon, faites cuire sans couvercle.

Mettez dans un plat chaud et
servez.

Pour 4 personnes

Poisson à la noix de coco

*2 cuillères à soupe
  d'huile
2 piments verts*
  épépinés et hachés
2 gousses d'ail
  hachées fin
1 morceau de
  gingembre* de
  2,5 cm, haché
125 g de crème de
  noix de coco*
1 kg de filets de
  haddock épais
  coupés en dés
sel
jus de 2 citrons*

Faites chauffer l'huile dans une
grande poêle, ajoutez les piments,
l'ail, le gingembre et faites frire
doucement 3 minutes. Ajoutez la
crème de noix de coco ; au premier
bouillon, ajoutez le poisson et salez.
Mélangez bien.

laissez cuire 3 à 4 minutes en
tournant. Incorporez le jus de citron
et servez.

Pour 4 personnes

Machi mussalam ; poisson à la noix de coco

Poisson grillé

2 grosses plies ou 4
  petites, nettoyées
150 g de yaourt
2 gousses d'ail
  écrasées
1 cuillère à café de
  coriandre moulue*
1/2 cuillère à café
  de poivre de
  cayenne*
1 cuillère à café de
  garam massala*
1 cuillère à soupe de
  vinaigre
1 cuillère à soupe
  d'huile
sel
2 cuillères à soupe
  de persil haché
quartiers de citron

Poisson grillé

Faites des incisions sur les deux côtés
des poissons et posez-les dans des
plats à four. Mélangez le reste des
ingrédients et répartissez ce mélange
sur les poissons. Laissez mariner
1 heure, retournez-les, arrosez avec
le jus du plat et laissez encore
1 heure.

Passez les poissons 3-4 minutes
sous le gril. Tournez-les, arrosez-les
du jus de cuisson et laissez cuire
encore 3-4 minutes. Décorez avec le
persil haché et les quartiers de
citron.
Pour 4 personnes

Poisson mariné à la japonaise

3 cuillères à soupe
  d'huile
3 cuillères à soupe
  de vinaigre de riz*
2 cuillères à soupe
  de sauce soja*
1 cuillère à soupe de
  mirin*
1 cuillère à café de
  gingembre* frais,
  râpé
1 gousse d'ail
  écrasée
poivre
4 tranches ou filets
  de poisson de
  150 g chaque

Mélangez l'huile, le vinaigre de riz,
la sauce soja, le mirin, le gingembre,
l'ail et le poivre dans un plat creux.
Ajoutez le poisson, couvrez et laissez
mariner 30 minutes.

Retirez le poisson et gardez la
marinade. Faites cuire 10 minutes
sous le gril en arrosant souvent avec
la marinade jusqu'à ce que la chair
s'émiette facilement. Servez sur un
plat chaud.
Pour 4 personnes

Crevettes au tamarin

1 petit poivron
  rouge, évidé,
  épépiné et haché
  grossièrement
25 g de petits
  oignons, hachés
  grossièrement
2 gousses d'ail,
  hachées
  grossièrement
1 piment rouge*,
  épépiné et haché
1 cuillère à soupe de
  poudre de
  citronnelle* séchée
6 cuillères à soupe
  d'huile
4 cuillères à café de
  sucre en poudre
2 cuillères à café de
  jus de citron vert
sel
500 g de gambas
  non décortiquées,
  avec la tête
POUR DÉCORER :
cresson
PATE DE TAMARIN :
250 g de tamarin
15 cl d'eau

Pour faire la pâte de tamarin, mettez
le tamarin et l'eau dans une petite
casserole et portez à ébullition.
Couvrez et laissez frémir doucement
10 minutes. Retirez du feu et gardez
couvert pendant 1 heure. Écrasez le
tamarin avec l'eau et passez-le au
tamis au-dessus d'une jatte. Mettez
de côté 3 cuillères à soupe de pâte.
Le reste pourra servir plus tard : se
garde 2 semaines au réfrigérateur.

Passez au mixeur le poivron rouge,
les oignons, l'ail, le piment et la
citronnelle.

Chauffez l'huile à feu vif dans un
wok ou une grande poêle. Ajoutez le
mélange précédent et faites revenir
en tournant pendant 5 minutes.
Incorporez progressivement le sucre
et le jus de citron à la pâte de
tamarin. Salez à votre goût. Mettez
les crevettes, faites revenir en
tournant 5 minutes. Il faut que les
crevettes soient fermes au toucher.
Disposez sur un plat chaud et
décorez avec du cresson.
Pour 4 personnes

(Illustration page 32)

Curry de poisson

2 cuillères à soupe
 d'huile
2 cuillères à soupe
 d'oignons hachés
2 gousses d'ail
 écrasées
1 cuillère à soupe de
 gingembre haché*
1/2 cuillère à café
 de poivre de
 cayenne*
1 piment vert
30 cl de lait de coco
 léger*
sel
4 tranches de
 poisson (cabillaud,
 colin,...)

Dans l'huile chaude, d'une poêle, faites revenir l'oignon, l'ail, le gingembre, le poivre de cayenne. Quand l'oignon est transparent, ajoutez le piment vert, le lait de coco, salez et laissez épaissir. Ajoutez le poisson, nappez-le de sauce et laissez cuire 5 minutes sans couvrir ; il doit être tendre. **Pour 4 personnes**

Crevettes épicées

3 cuillères à soupe
 d'huile
3 oignons coupés en
 rondelles
1 piment vert haché*
2 cm de gingembre
 haché*
1/2 cuillère à café
 de poivre de
 cayenne*
1/2 cuillère à café
 de curcuma*
sel
250 g de crevettes
 congelées

Dans l'huile chaude d'une poêle, faites dorer l'oignon. Ajoutez le piment, le gingembre, le poivre de cayenne, le curcuma, salez et laissez revenir 2 minutes. Ajoutez les crevettes, laissez cuire 3 minutes ; il ne doit plus y avoir de liquide.

Accompagnez de lentilles corail (voir page 64) et de riz. **Pour 4 personnes**

Brochettes de crevettes

2 cuillères à soupe
 d'huile
1 cuillère à soupe de
 jus de citron
2 gousses d'ail
 écrasées
1 cuillère à café de
 paprika
1/2 cuillère à café
 de poivre de
 cayenne*
1/2 cuillère à café
 de sel
1/2 cuillère à café
 de curcuma*
1 cuillère à soupe de
 coriandre hachée*
12 grosses crevettes
 décortiquées

Mettez tous les ingrédients dans une jatte et tournez pour que les crevettes soient bien nappées. Couvrez, laissez dans un endroit frais plusieurs heures, en tournant de temps en temps.

Répartissez les crevettes sur les brochettes, passez-les sous le gril 3-4 minutes de chaque côté, en arrosant avec le jus de cuisson. **Pour 4 personnes**

Brochettes de crevettes ; crevettes épicées

Massala machi

4 maquereaux
    nettoyés
1 cuillère à café de
    sel
2 cuillères à soupe
    de jus de citron
2 gousses d'ail
1 piment vert
    épépiné*
4 cuillères à soupe
    de feuilles de
    coriandre*
1 cuillère à café de
    grains de
    coriandre moulus*
3 cuillères à soupe
    d'huile
1 oignon haché

Incisez les poissons, frottez-les avec le sel et mettez-les de côté.

Passez au mixeur, pour obtenir une pâte, le jus de citron, l'ail, le piment, les feuilles et grains de coriandre.

Faites chauffer 2 cuillères à soupe d'huile dans une poêle et faites dorer l'oignon. Ajoutez la pâte et tournez 5 minutes. Étalez ce mélange sur les poissons et badigeonnez-les d'huile.

Faites-les cuire 4 minutes de chaque côté sous le gril, ou bien 20 minutes dans du papier aluminium au four à 180°.

Pour 4 personnes

Poisson aux épices

4 cuillères à soupe
    d'huile
4 tranches de
    cabillaud
    d'environ 250 g
    chacune
2 oignons hachés
2 gousses d'ail
2 cm de gingembre*
1 cuillère à soupe de
    grains de
    coriandre*
1 piment vert
    épépiné*
5 cuillères à soupe
    de vinaigre
1/2 cuillère à café
    de curcuma*
1 cuillère à café de
    curry*
sel

Dans l'huile chaude d'une poêle, faites dorer le poisson des deux côtés. Retirez-le et mettez-le de côté. Faites revenir l'oignon dans la poêle ; il doit devenir transparent.

Passez au mixeur l'ail, le gingembre, la coriandre, le piment et 1 cuillère à soupe de vinaigre. Faites revenir cette pâte 3-4 minutes dans la poêle avec le curcuma, le curry, salez.

Versez le reste de vinaigre, portez à ébullition, mélangez bien, ajoutez le poisson. Laissez cuire 3-4 minutes sans couvrir.

Disposez le poisson sur un plat de service, nappez-le de sauce et laissez refroidir. Couvrez et laissez au moins 12 heures au réfrigérateur avant de servir.

Pour 4 personnes

Poisson aux épices

Curry de crevettes et d'œufs

4 cuillères à soupe
    d'huile
1 gros oignon haché
1 gousse d'ail
    hachée
2 cm de gingembre
    haché*
1 cuillère à soupe de
    grains de
    coriandre moulus*
1 cuillère à café de
    cumin moulu*
1 cuillère à café de
    poivre de
    Cayenne*
1 cuillère à soupe de
    concentré de
    tomates
30 cl d'eau
sel
6 œufs durs coupés
    en deux
250 g de crevettes
    congelées
25 g de crème de
    noix de coco*

Dans l'huile chaude d'une cocotte faites dorer l'oignon, puis faites revenir 1 minute l'ail et le gingembre. Ajoutez le reste des épices et tournez 2 minutes. Si cela devient trop sec, ajoutez 1 cuillère à soupe d'eau. Incorporez le concentré de tomates, l'eau et salez.

Couvrez, laissez frémir 10 minutes.

Ajoutez les œufs, nappez-les de sauce, couvrez et laissez cuire 15 minutes en tournant de temps en temps.

Ajoutez les crevettes ; quand cela frémit de nouveau, ajoutez la crème de coco. Amenez à ébullition et servez aussitôt.

Pour 4 personnes

VIANDES

Traditionnellement la cuisine d'Extrême-Orient a toujours encouragé l'imagination en ce qui concerne les viandes. Viandes et volailles étant rares et difficiles à trouver en grandes quantités, cela a amené à inventer des plats qui tirent astucieusement le meilleur parti de maigres ressources.

Découvrez le délicieux poulet braisé au poivron et au maïs, dont la saveur est rehaussée par l'adjonction de sauce soja, de gingembre et de vin blanc sec. Très différentes sont les croquettes de bœuf aloo : il s'agit d'un hachis de bœuf épicé enrobé de purée de pommes de terre.

Vous découvrirez aussi la recette du canard de Pékin, recette complète qui vous indique aussi la préparation de la garniture : ciboules préparées en forme de bouquets et les crêpes qui servent à envelopper le canard craquant.

Le porc – braisé, à l'aigre-douce, au barbecue – tient une place importante ainsi que l'agneau dans la cuisine rouge chinoise ou le roghan ghosht, curry d'agneau du nord de l'Inde et le curry de kofta, plat de boulettes de viande épicée.

La Chine et l'Inde cependant ne sont pas les seuls pays à proposer des plats fascinants. Vous pouvez aussi goûter des currys de Thaïlande, le poulet épicé d'Indonésie et la fondue à la mongole, tout cela sans prendre l'avion. Attachez vos ceintures et tournez la page.

Ailes de poulet à la sauce d'huîtres

500 g d'ailes de
poulet
4 ciboules, hachées
1 morceau de
gingembre*, coupé
en lanières
1 gousse d'ail,
coupée en lamelles
1 cuillère à soupe de
sauce soja*
2 cuillères à soupe
de vin blanc sec
2 cuillères à soupe
d'huile
2 poireaux, coupés
en rondelles
3 cuillère à soupe de
sauce d'huîtres*
fleurs de radis*
concombre

Coupez les ailes en deux à la jointure.

Mettez la ciboule, le gingembre, l'ail, la sauce soja et le vin blanc dans une jatte. Incorporez les ailes au mélange en tournant pour bien les enrober. Laissez mariner 15 minutes.

Faites chauffer l'huile dans un wok ou une sauteuse. Ajoutez le poulet, la marinade, et faites revenir 15 minutes tout en tournant. Puis incorporez les poireaux, la sauce d'huîtres et laissez cuire encore 3 à 4 minutes.

Servez immédiatement, décoré de fleurs de radis et de rondelles de concombre.

Pour 4 à 6 personnes

Poulet grillé à la japonaise

4 morceaux de
150 g de blanc de
poulet désossé,
sans peau, coupé
en dés
8 ciboules avec leur
tige coupée en
morceaux de
2,5 cm
SAUCE TERIYAKI :
25 cl de mirin* ou
20 cl de vin blanc
sec avec 1 cuillère
à soupe de sucre
25 cl de sauce soja*
25 cl de bouillon de
poule
3 cuillères à soupe
de sucre
2 cuillères à café de
gingembre* haché
fin
1 gousse d'ail
écrasée

Pour faire la sauce teriyaki, versez le mirin dans une casserole moyenne, chauffez à feu doux et portez à ébullition. Faites flamber en remuant la casserole jusqu'à disparition des flammes. Mettez le reste des ingrédients de la sauce, puis portez à ébullition en tournant de temps en temps. Retirez du feu et laissez tiédir.

Mettez le poulet dans un plat creux, puis versez dessus la sauce. Couvrez et laissez refroidir au moins 3 heures, ou toute une nuit, en retournant parfois les morceaux de poulet.

Retirez le poulet ; mettez la sauce de côté. Répartissez sur des brochettes en les alternant de dés de poulet et de morceaux de ciboule. Plongez les brochettes dans la sauce. Faites cuire au gril 3 ou 4 minutes. Plongez de nouveau dans la sauce et faites cuire de l'autre côté 2 ou 3 minutes, ou jusqu'à ce que le poulet soit ferme au toucher.

A la fin, humectez chaque brochette avec quelques cuillères à café de marinade et servez aussitôt.

Pour 4 personnes

Service à la japonaise

Utilisez des plats en bois ou en laque, des plateaux en osier, de petits bols chinois. Utilisez uniquement des baguettes. La soupe est bue directement dans le bol et les baguettes servent à prendre ses divers ingrédients.

Posez tous les plats en même temps à table ; pour un repas semi-formel, vous servirez plusieurs petites entrées suivies d'une soupe et peut-être d'un plat de légumes nature. Un plat de viande ou de poisson suivra, accompagné par un petit plat de légumes ou de poisson cru, assaisonnés au vinaigre de riz. Riz nature, pickles et thé vert termineront le repas.

Ailes de poulet à la sauce d'huîtres

Canard de Pékin

1 canard de 2 kg,
  préparé
2 cuillères à soupe
  de sauce soja*
2 cuillères à soupe
  de sucre roux
CRÊPES :
500 g de farine
1 pincée de sel
30 cl environ d'eau
  bouillante
huile de sésame*
POUR SERVIR :
1 petit concombre,
  coupé en lanières
  de 5 cm
1 botte de ciboules,
  coupées en
  lanières de 5 cm
8 cuillères à soupe
  de sauce hoisin*
fleurs de ciboule*

Ébouillantez le canard 2 minutes. Égouttez-le. Pendez-le par le cou toute une nuit dans un endroit très aéré.

Mélangez la sauce soja et le sucre. Badigeonnez-en le canard. Pendez-le 2 heures, pour que le nappage ait le temps de sécher.

Mettez le canard sur une grille au-dessus d'une lèchefrite. Faites-le rôtir 1 h 30 au four (200 °C).

Pendant ce temps, préparez les crêpes. Tamisez la farine et le sel dans une jatte. Versez peu à peu l'eau bouillante en fouettant jusqu'à l'obtention d'une pâte épaisse. Pétrissez, puis formez une miche de 5 cm de diamètre. Découpez des tranches de 1 cm et étalez-les sur 15 cm de diamètre. Badigeonnez un des côtés de chacune avec l'huile de sésame, et posez-les l'une sur l'autre par paire, le côté huilé à l'intérieur.

Faites chauffer une poêle à feu vif, sans graisse. Quand elle est chaude, baissez légèrement le feu et posez une double crêpe dans la poêle. Quand elle commence à cloquer, retournez-la jusqu'à ce qu'elle dore.

Séparez les deux crêpes et pliez-les en deux. Gardez-les au chaud, couvertes de papier aluminium.

Découpez en morceaux la peau du canard et posez-les sur un plat chaud. Garnissez avec le concombre. Découpez la chair du canard et posez les morceaux sur un autre plat chaud. Garnissez avec la ciboule. Versez la sauce hoisin dans un petit bol. Garnissez les crêpes avec une fleur de ciboule.

Pour déguster ce plat, étalez un peu de sauce hoisin sur une crêpe. Posez au centre un morceau de peau, un morceau de chair, du concombre et de la ciboule. Pliez la crêpe.

Pour 4 à 6 personnes

Canard de Pékin

Canard farci

1 canard (2 kg
  environ), préparé
4 champignons
  parfumés*
2 cuillères à soupe
  d'huile
4 ciboules hachées
1 morceau de
  gingembre*,
  finement haché
130 g de porc, coupé
  en lanières
50 g de fèves cuites
POUR GLACER
3 cuillères à soupe
  de sauce soja*
1 cuillère à soupe de
  vin blanc sec
1 cuillère à soupe
  d'huile de
  sésame*
POUR DÉCORER :
fleurs de navet*
radis
feuilles de menthe

Ébouillantez le canard 2 minutes.
Égouttez-le.

Faites tremper les champignons
15 minutes à l'eau chaude. Pressez-
les pour extraire l'eau, équeutez-les
et émincez-les.

Faites chauffer l'huile dans une
poêle. Ajoutez la ciboule, le
gingembre, le porc et faites revenir
2 minutes. Ajoutez les fèves et
laissez cuire encore 1 minute.
Incorporez les champignons.

Laissez refroidir, puis farcissez le
canard avec le mélange. Recousez-le
soigneusement.

Mélangez les ingrédients du
glaçage. Badigeonnez-en le canard.
Mettez-le dans un plat à four et
faites-le cuire au four (220 °C),
1 h 1/4 à 1 h 1/2 en l'arrosant de
temps en temps avec le glaçage.

Servez-le bien chaud, décoré de
fleurs de navets, de cœurs de radis et
de feuilles de menthe.
Pour 4 à 6 personnes

Canard farci ; canard braisé au soja

Canard braisé au soja

1 canard (1,5 kg
  environ), préparé
4 morceaux de
  gingembre*
1 gros oignon
1 cuillère à café de
  sel
6 cuillères à soupe
  de sauce soja*
3 cuillères à soupe
  de vinaigre
4 ciboules, coupées
  en trois
1 cuillère à soupe
  d'huile
15 cl de bouillon de
  poule
1 boîte de tranches
  d'ananas, (225 g)
3 cuillères à soupe
  de vin blanc sec
1 cuillère à soupe de
  maïzena délayée
  dans 2 cuillères à
  soupe d'eau

Piquez la peau du canard. Hachez
finement le gingembre et l'oignon.
Mélangez avec le sel et frottez-en
l'intérieur du canard. Mettez-le dans
une grande jatte. Versez la sauce
soja et le vinaigre. Laissez mariner
1 heure, en arrosant.

Mettez le canard dans un plat
allant au four. Faites-le cuire au four
(220 °C) 30 minutes.

Faites revenir la ciboule avec
l'huile. Réservez-la

Retirez le canard du four. Jetez
l'excès de graisse. Baissez la
température du four à 190 °C.
Versez le ciboule, le reste de
marinade et le bouillon sur le
canard. Couvrez avec du papier
aluminium. Remettez au four
1 heure, en arrosant.

Posez le canard sur une planche et
coupez-le en 16 morceaux. Gardez-
les au chaud.

Mettez l'ananas et son jus dans
une casserole. Incorporez le vin
blanc, la maïzena et le jus de
canard. Laissez cuire 2 minutes et
servez dans une saucière.
Pour 4 à 6 personnes

Canard à la balinaise

*50 g de noix de
macadamia*
salées
2 belles gousses d'ail
écrasées
1 cuillère à caflé de
coriandre* moulue
1/2 cuillère à café
de gingembre*
râpé
25 cl de bouillon de
poule
1 canard de 2 kg,
préparé
25 cl d'eau
bouillante
2 cuillères à soupe
d'huile
2 piments verts*,
épépinés et hachés
fin
1 cuillère à soupe de
jus de citron
sel
POUR DÉCORER :
branches de
coriandre*
poivre de Cayenne*
(Illustration page 48)*

Passez au mixeur les noix, l'ail, la coriandre et 2,5 cl de bouillon de poule pour obtenir une pâte homogène. Couvrez et mettez de côté.

Piquez le canard tout autour, à la fourchette, puis mettez-le dans un plat, versez dessus l'eau bouillante et posez sur une grille dans le four préchauffé à 220°. Faites cuire 45 minutes. Retirez du four, videz le gras et le jus de cuisson.

Remettez au four, cuisez encore 45 minutes, puis laissez tiédir légèrement. Retirez la graisse, la peau, les os et coupez la chair du canard en morceaux.

Chauffez l'huile à feu vif dans un wok ou une grande sauteuse ; ajoutez le mélange de noix et faites revenir en tournant pendant 30 secondes. Ajoutez le canard et les piments. Faites revenir 1 minute en tournant. Mélangez avec le reste de bouillon, le jus de citron et le sel. Faites revenir en tournant 5 minutes pour que la sauce épaississe légèrement. Décorez et servez aussitôt.

Pour 4 personnes

Canard de Nankin

*130 g de gros sel
3 cuillères à soupe
de poudre de
poivre du
Sichuan*
1 canard de 2 kg
POUR DÉCORER
fleurs de piment*
rondelles de
concombre
torsadées*

Faites chauffer, à feu vif, le sel et le poivre 10 minutes dans une poêle. Ils doivent brunir. Laissez refroidir.

Frottez l'intérieur et l'extérieur du canard avec le mélange sel-poivre. Enveloppez-le dans un papier aluminium et gardez-le 3 jours au réfrigérateur.

Retirez le papier aluminium. Mettez le canard sur une grille au-dessus d'une lèchefrite. Faites-le rôtir au four (200 °C), 1 h 30 environ. Il doit être doré. Décorez avec des fleurs de piment et le concombre. Servez immédiatement.

Pour 4 à 6 personnes

Canard aux amandes

*500 g de chair de
canard maigre
2 tranches de
gingembre*, en
lanières
1 gousse d'ail
écrasée
3 cuillères à soupe
d'huile
4 champignons
parfumés*
4 ciboules émincées
130 g de pousses de
bambou*, en
morceaux
3 cuillères à soupe
de sauce soja*
2 cuillères à soupe
de vin blanc
2 cuillères à café de
maïzena
30 g d'amandes
effilées*

Coupez la chair du canard en petits morceaux. Mettez-les dans une jatte avec le gingembre et l'ail. Arrosez avec une cuillère à soupe d'huile et laissez mariner 30 minutes.

Faites tremper les champignons 15 minutes à l'eau chaude. Pressez-les bien pour en extraire l'eau, équeutez-les et coupez les têtes en lamelles.

Faites chauffer l'huile dans une sauteuse. Ajoutez la ciboule et faites revenir 30 secondes tout en tournant. Ajoutez le canard et faites cuire 2 minutes. Ajoutez les champignons, les pousses de bambou, la sauce soja, le vin blanc, et faites revenir encore 2 minutes. Délayez la maïzena dans une cuillère à soupe d'eau. Incorporez au mélange dans la poêle. Faites cuire 1 minute en remuant. La sauce doit épaissir.

Incorporez les amandes.

Pour 4 à 6 personnes

Canard aux amandes

Bœuf frit

4 ciboules hachées
1 pincée de sel
1 cuillère à soupe de
    vin blanc sec
1 morceau de
    gingembre* haché
    fin
1 cuillère à soupe de
    sauce chili
1 piment*, épépiné
    et finement haché
500 g de rumsteck
huile à friture
sauce soja*
PATE :
4 cuillères à soupe
    de farine
1 pincée de sel
1 œuf
3-4 cuillères à soupe
    d'eau
POUR DÉCORER
feuilles de
    coriandre*
citron

Mettez la ciboule, le sel, le vin blanc, le gingembre, la sauce chili et le piment, dans une jatte. Mélangez bien. Coupez la viande en tranches fines et incorporez-les à la marinade. Remuez bien et laissez mariner 20 à 25 minutes.

Pendant ce temps, préparez la pâte.

Tamisez la farine et le sel dans un bol.

Cassez-y l'œuf et fouettez bien, en mouillant avec suffisamment d'eau, pour obtenir une pâte légère.

Faites chauffer l'huile dans une friteuse. Plongez les tranches de viande dans la pâte et faites-les frire dans l'huile chaude. Elles doivent brunir. Égouttez-les sur du papier absorbant.

Disposez la viande sur un plat de service chaud et décorez avec coriandre et quartiers de citron. Servez immédiatement, et présentez la sauce soja à part.

Pour 4 à 6 personnes

Bœuf frit

Bœuf rouge aux brocolis

1 kg de viande à
    pot-au-feu maigre
1 morceau de
    gingembre* haché
    fin
2 gousses d'ail
    écrasées
6 cuillères à soupe
    de sauce soja*
6 cuillères à soupe
    de vin blanc sec
50 g de sucre
    cristallisé
1 cuillère à café de
    cinq-parfums*
60 cl de bouillon de
    bœuf
500 g de brocolis
POUR DÉCORER
fleur de radis*
ciboules coupées en
    lanières

Coupez la viande en petits cubes de 2 cm de côté. Mettez-les dans une casserole. Ajoutez le gingembre, l'ail, la sauce soja et le vin blanc. Saupoudrez avec le sucre et le cinq-parfums.

Versez le bouillon, amenez à ébullition, puis couvrez et laissez mijoter 1 h 30 environ. La viande doit être tendre.

Partagez les brocolis en bouquets et mettez-les dans la casserole. Faites bouillir à feu vif, sans couvrir, le temps qu'ils soient juste cuits et que le bouillon ait réduit et épaissi.

Disposez la viande et les brocolis sur un plat de service chaud, et décorez avec une fleur de radis et des lanières de ciboule. Servez immédiatement.

Pour 4 à 6 personnes

Bœuf Teriyaki

15 cl de sauce soja*
5 cl de mirin*
5 cl de saké* ou de
    vin blanc sec
2 cuillères à soupe
    de sucre en poudre
4 tranches de faux-
    filet de 200 g
    chaque
POUR DÉCORER :
4 fleurs de ciboule*

Dans une petite casserole, mélangez la sauce soja, le mirin, le saké et le sucre. Portez à ébullition sur feu modéré, en tournant de temps en temps. Laissez refroidir 10 minutes.

Mettez la viande dans un plat creux, versez dessus le mélange qui doit la recouvrir entièrement. Couvrez. Laissez mariner 1 heure à température ambiante, ou 4 heures au réfrigérateur en la retournant de temps en temps.

Retirez la viande de la marinade. Mettez-la dans un plat allant au gril et badigeonnez-la avec de la marinade. Mettez sous le gril ; faites cuire 3 minutes de chaque côté si vous la désirez saignante, 6 minutes pour qu'elle soit bien cuite. Badigeonnez fréquemment la viande avec la marinade pendant la cuisson.

Décorez et servez aussitôt.

Pour 4 personnes

Porc braisé au potiron

*350 g de porc
  maigre
4 cuillères à soupe
  de sauce soja *
3 cuillères à soupe
  de vin blanc sec
500 g de potiron
4 ciboules
2 cuillères à soupe
  d'huile
1 morceau de
  gingembre * coupé
  en lanières
2 gousses d'ail
  coupées en
  lamelles
POUR DÉCORER
fleurs de carotte ***

Coupez le porc en tranches de 1 cm. Mettez la sauce soja et le vin blanc dans une jatte ; ajoutez le porc. Mélangez bien et laissez mariner 20 minutes.

Coupez le potiron en petits cubes de 2,5 cm de côté. Coupez les ciboules en trois. Faites chauffer l'huile dans une poêle. Ajoutez le potiron et faites revenir rapidement jusqu'à ce qu'il brunisse. Ajoutez la ciboule, le gingembre, l'ail et laissez cuire 1 minute. Incorporez le porc et la marinade ; faites cuire 12 à 15 minutes.

Versez le mélange sur un plat de service chaud et décorez de fleurs de carotte.
Servez immédiatement.
Pour 4 à 6 personnes

Boulettes « tête de lion »

*750 g de porc haché
1 cuillère à café de
  sel
2 gousses d'ail
  écrasées
2 morceaux de
  gingembre *
  hachés fin
4 cuillères à soupe
  de sauce soja *
3 cuillères à soupe
  de vin blanc sec
4 ciboules hachées
  fin
1 cuillère à soupe de
  maïzena
huile à friture
30 cl de bouillon de
  bœuf
750 g d'épinards
POUR DÉCORER
ciboule hachée*

Mélangez le porc, dans une jatte, avec le sel, l'ail, le gingembre, une cuillère à soupe de sauce soja, une de vin blanc et deux de ciboule. Ajoutez la maïzena, puis formez de petites boulettes de la taille d'une noix.

Faites chauffer l'huile dans une friteuse. Ajoutez les boulettes et faites frire jusqu'à ce qu'elles soient bien dorées. Égouttez-les sur du papier absorbant. Mettez-les dans une casserole. Ajoutez le reste de sauce soja, le vin blanc et la ciboule. Versez le bouillon, couvrez et laissez mijoter 15 à 20 minutes.

Pendant ce temps, faites cuire les épinards 5 à 10 minutes, sans les égoutter après les avoir lavés. Ils doivent être tendres. Disposez dessus les boulettes et décorez avec de la ciboule. Servez immédiatement.
Pour 4 à 6 personnes

Agneau Tung-Po

*750 g d'agneau très
  maigre
4 ciboules
250 g de carottes
4 branches de céleri
2 cuillères à soupe
  d'huile
3 cuillères à soupe
  de sauce soja *
4 cuillères à soupe
  de vin blanc sec
2 poireaux émincés
4 gousses d'ail
  émincées
2 morceaux de
  gingembre *
  émincés
1 cuillère à café de
  poivre noir en
  grains, légèrement
  pilés
2 cuillères à café de
  sucre
POUR DÉCORER
rondelles de citron
feuilles de
  coriandre ***

Coupez l'agneau en tranches fines, chaque ciboule en trois morceaux, et les carottes et le céleri en diagonale.

Faites chauffer l'huile dans une sauteuse. Ajoutez l'agneau et faites-le brunir des deux côtés. Baissez le feu, ajoutez les carottes, le céleri et faites revenir 2 minutes tout en tournant. Incorporez la sauce soja et le vin blanc. Couvrez et laissez mijoter 15 minutes. Les légumes doivent être tendres.

Ajoutez les poireaux, l'ail, la ciboule, le gingembre, et faites cuire 1 minute. Puis saupoudrez avec le sucre et le poivre. Laissez mijoter jusqu'à dissolution du sucre.

Transférez le Tung-Po sur un plat de service chaud décoré de citron et de coriandre. Servez immédiatement.
Pour 4 à 6 personnes

Agneau Tung-Po

Rouelle de porc braisée

1,5 kg environ de
   rouelle de porc
sel
6 ciboules, chacune
   coupée en trois
2 morceaux de
   gingembre *,
   hachés
15 cl de sauce soja *
6 cuillères à soupe
   de vin blanc sec
50 g de sucre de
   canne
POUR DÉCORER :
fleurs de radis *
fleurs de navet *
ciboule

Frottez la rouelle de porc avec le sel.
Mettez la ciboule et le gingembre
dans une grande casserole ; arrosez
avec la sauce soja et le vin blanc ;
incorporez le sucre. Ajoutez le porc
tout en remuant pour qu'il soit bien
enrobé du mélange. Portez à
ébullition, couvrez et laissez mijoter
2 heures environ, en tournant de
temps en temps.

Retirez le porc de la casserole ;
gardez au chaud. Faites bouillir la
sauce pour qu'elle réduise et
épaississe. Versez-la dans une
saucière. Coupez la viande en
tranches épaisses. Disposez-les sur un
plat de service et décorez de fleurs
de radis, de navets et de ciboule.
Pour 6 à 8 personnes

Porc en sauce aigre-douce

350 g de porc
   maigre, coupé en
   cubes
sel et poivre
2 cuillères à soupe
   de vin blanc sec
1 œuf, battu
1-2 cuillères à soupe
   de maïzena
huile à friture
SAUCE :
1 cuillère à soupe
   d'huile
4 ciboules hachées
2 gousses d'ail
   écrasées
1 morceau de
   gingembre *
   finement haché
1 poivron vert, vidé,
   épépiné et haché
   fin
4 cuillères à soupe
   de vinaigre
2 cuillères à soupe
   de concentré de
   tomate
1 cuillère à soupe de
   sauce soja *
3 cuillères à soupe
   de miel liquide
1 cuillère à soupe de
   maïzena, délayée
   dans 2 cuillères à
   soupe d'eau froide
2 cuillères à soupe
   d'huile de
   sésame *
1 petit chou
   chinois *
   grossièrement
   haché
rondelles de poivron
   vert
fleur de piment
   rouge *

Mettez le porc dans une jatte. Salez,
poivrez et arrosez avec le vin blanc.
Laissez mariner 20 minutes.

Incorporez l'œuf battu, la
maïzena, en mélangeant bien pour
enrober la viande. Faites chauffer
l'huile dans une friteuse. Ajoutez le
porc et faites-le frire jusqu'à ce qu'il
soit complètement doré. Égouttez-le
sur du papier absorbant.

Pour préparer la sauce, faites
chauffer l'huile dans une poêle.
Ajoutez la ciboule, l'ail, le
gingembre et faites revenir
2 minutes, tout en tournant.
Incorporez le reste des ingrédients,
portez à ébullition et laissez cuire
2 minutes.

Ajoutez le porc à la sauce et
laissez cuire encore 2 minutes.

Pour servir, disposez le chou
chinois sur un plat de service chaud
et empilez dessus le porc avec la
sauce aigre-douce. Décorez avec des
rondelles de poivron et la fleur de
piment.
Pour 4 à 6 personnes

A GAUCHE : *porc en sauce aigre-douce ; rouelle de porc braisée*
EN HAUT : *omelette à la viande*
A DROITE : *aubergines farcies à la vapeur*

Omelette à la viande

3 cuillères à soupe
 d'huile
1 gousse d'ail
 écrasée
2 ciboules hachées
 fin
2 branches de céleri
 hachées
1 blanc de poulet
 coupé en dés
130 g de porc haché
2 cuillères à café de
 maïzena
1 cuillère à soupe de
 vin blanc sec
2 cuillères à soupe
 de sauce soja *
OMELETTE :
6 œufs battus
sel et poivre
POUR DÉCORER
fleurs de ciboule *
feuilles de céleri

Faites chauffer 1 cuillère à soupe
d'huile dans une poêle. Ajoutez l'ail,
la ciboule, le céleri, et faites cuire
1 minute.
Ajoutez le poulet, le porc, et faites
cuire 2 autres minutes.
 Délayez la maïzena dans une
cuillère à soupe d'eau. Incorporez
avec le vin blanc et la sauce soja au
mélange viandes-légumes et faites
mijoter 15 minutes en tournant.
 Pendant ce temps, préparez
l'omelette. Salez et poivrez les œufs
à votre goût. Faites chauffer
2 cuillères à soupe d'huile dans une
grande poêle et versez les œufs.
Faites cuire à feu doux en ramenant
les bords de l'omelette au centre
avec une fourchette, jusqu'à ce
qu'elle prenne et soit bien dorée.
 Faites-la glisser sur un plat de
service chaud. Versez dessus la farce
et décorez de ciboule et de feuilles
de céleri. Servez immédiatement
Pour 4 à 6 personnes

Aubergines farcies à la vapeur

1 cuillère à soupe
 d'huile
2 gousses d'ail
 écrasées
1 morceau de
 gingembre * haché
 fin
4 ciboules hachées
2 piments rouge ou
 vert, épépinés et
 hachés *
250 g de porc haché
2 cuillères à soupe
 de sauce soja *
2 cuillères à soupe
 de vin blanc sec
4 aubergines
 moyennes
50 g de crevettes
 décortiquées,
 décongelées
POUR DÉCORER
fleurs de ciboule *

Faites chauffer l'huile dans une
sauteuse. Ajoutez l'ail, le gingembre,
la ciboule, et faites revenir 1 minute,
tout en tournant. Augmentez le feu,
incorporez les piments, le porc, et
faites cuire 2 minutes. Mouillez avec
la sauce soja, le vin blanc, et laissez
mijoter 10 minutes.
 Pendant ce temps, coupez les
aubergines en deux dans le sens de
la longueur. Retirez délicatement la
chair avec une cuillère ; hachez-la
finement. Réservez les « coques ».
Mettez la pulpe dans la sauteuse et
faites cuire 10 minutes. Incorporez
les crevettes et faites cuire 1 minute.
 Portez l'eau à ébullition dans une
grande casserole. Plongez-y les
coques d'aubergines : faites-les
blanchir 1 minute. Remplissez-les de
farce et disposez-les dans un plat à
gratin. Couvrez avec une feuille
d'aluminium et mettez le plat dans
une marmite à vapeur. Faites cuire à
feu très vif 25 à 30 minutes.
Pour 4 à 6 personnes

Porc croustillant

1,5 kg de poitrine de
    porc maigre, en un
    seul morceau, avec
    la couenne
sel
1 cuillère à soupe de
    sauce soja *
1 cuillère à café de
    cinq-parfums *
POUR DÉCORER
rose de radis *
fleurs de navet *
feuilles de
    coriandre *

Versez une bouilloire pleine d'eau bouillante sur la peau du porc ; égouttez et laissez sécher. Frotter la viande de sel sur tous les côtés. Laissez sécher 45 minutes.

Avec un couteau très pointu, incisez la peau du porc en losanges. Avec une brochette, piquez la viande en plusieurs endroits. Badigeonnez-la avec la sauce soja et le cinq-parfums. Couvrez et laissez reposer 1 heure.

Mettez le porc, la peau sur le dessus, dans une lèchefrite. Faites cuire au four (230 °C) 20 minutes. Puis baissez le feu (200 °C) et laissez cuire encore 50 à 55 minutes. La viande doit être tendre et la peau très croustillante.

Disposez la viande sur un plat de service chaud. Décorez de fleurs de radis, de navet et de coriandre. Coupez en tranches au moment de servir.
Pour 6 à 8 personnes

Agneau rouge

1 kg d'agneau coupé
    en cubes
4 gousses d'ail,
    émincées
3 morceaux de
    gingembre *,
    finement hachés
1 cuillère à café de
    cinq-parfums *
6 cuillères à soupe
    de sauce soja *
3 cuillères à soupe
    de vin blanc
6 ciboules
60 cl de bouillon de
    bœuf
50 g de cassonade
1 poivron rouge et
    1 vert, évidés,
    épépinés et hachés

Mettez l'agneau dans une casserole. Saupoudrez avec l'ail, le gingembre, et mélangez bien. Ajoutez le cinq-parfums, la sauce de soja et le vin blanc.

Coupez chaque ciboule en trois morceaux. Parsemez-en l'agneau. Mouillez avec le bouillon et incorporez la cassonade. Portez à ébullition, couvrez et laissez mijoter environ 1 heure. La viande doit être tendre. Découvrez et augmentez le feu, pour réduire le reste de bouillon en une sauce épaisse.

Versez l'agneau rouge et la sauce sur un plat de service chaud. Parsemez avec les poivrons rouge et vert, et servez immédiatement.
Pour 4 à 6 personnes

Porc croustillant ; agneau rouge

Brochettes d'agneau à la chinoise

*1 cuillère à café de poivre du Sichuan ***
*5 cl de sauce soja ***
*2 cuillères à soupe de vin de riz * ou de vin blanc sec*
3 gousses d'ail écrasées
*1 cuillère à soupe de gingembre * haché fin*
*2 cuillères à café d'huile de sésame ***
*1 cuillère à café de poudre des cinq-parfums ***
sel et poivre
1 kg d'épaule d'agneau désossée, coupée en cubes
POUR DÉCORER
*branches de coriandre * fraîche*

Mettez le poivre dans une petite poêle. Faites griller à feu vif en tournant souvent, jusqu'à ce qu'il soit odorant. Passez-le au moulin ou écrasez-le dans un mortier.

Mélangez le poivre, la sauce soja, le vin de riz, l'ail, le gingembre, l'huile de sésame, la poudre des cinq-parfums, le sel et le poivre dans une grande jatte. Mélangez bien. Ajoutez la viande et tournez bien pour l'enrober. Couvrez et laissez mariner à température ambiante au moins 3 heures, ou au réfrigérateur toute une nuit, en retournant les morceaux de temps en temps.

Retirez l'agneau de la marinade et gardez celle-ci. Mettez les morceaux, sans les serrer, sur 8 brochettes.

Mettez les brochettes à 10 cm sous le gril. Faites griller en tournant de temps en temps et en badigeonnant de marinade. Si vous aimez l'agneau saignant, faites cuire 8 minutes. Décorez de branches de coriandre et servez aussitôt.

Pour 6 personnes

Boulettes de poulet

BOULETTES
375 g de blanc de poulet sans la peau, désossé et haché
1/2 œuf battu
2 cuillères à soupe de farine
*1 cuillère à café de gingembre * haché fin*
sel
POUR TERMINER
75 g de farine
35 cl d'eau
*3 cuillères à soupe de sauce soja ***
2 cuillères à soupe de sucre en poudre
*1 cuillère à soupe de saké * ou de vin blanc sec*

Dans une grande jatte, mélangez bien tous les ingrédients des boulettes. Divisez le mélange en 8 parts. Farinez légèrement vos mains pour façonnez les boulettes. Recouvrir chacune d'elles d'un peu de farine. Avec une lame de couteau passée dans la farine, faites sur le dessus de chacune des incisions en forme de losanges. Gardez de côté.

Délayez la farine avec l'eau. Dans une grande poêle, sur feu vif, portez à ébullition le restant des ingrédients. Ajoutez les boulettes, les losanges sur le dessus. Agitez le récipient pour que le jus de cuisson recouvre les boulettes. Réduisez le feu et laissez frémir 3 ou 4 minutes. Retournez les boulettes et laissez cuire 5 ou 6 minutes. Tournez-les de nouveau, augmentez le feu et remuez la poêle pour glacer les boulettes. Laissez cuire 2 minutes. Arrosez le dessus avec du jus de cuisson et servez sur un plat chaud.

Pour 4 personnes

Service à la chinoise

Un repas chinois est plutôt un buffet. Chacun est supposé se servir dans chaque plat. De petits bols de riz jouent le rôle d'intermédiaire entre le plat et la bouche.

Les plats d'un repas chinois doivent contraster par leurs textures, leurs couleurs et leurs saveurs. Opposez un plat de couleur claire à un plat aux couleurs vives, un plat d'aliments tendres sera accompagné d'aliments croustillants, tandis qu'un plat épicé contrastera avec un plat à saveur douce. Un repas chinois se compose généralement d'un plat de viande, d'un plat de volaille et d'un plat de poisson accompagnés de légumes, riz ou nouilles. Si vous êtes débutant, préparez une soupe puis deux ou trois plats principaux accompagnés de riz, de fruits et de thé.

Porc à la coriandre

*1 bouquet de coriandre * fraîche avec les racines, bien nettoyées*
2 cuillères à soupe d'ail écrasé
sel et poivre :
  2 cuillères à soupe de chaque
2 cuillères à café de sucre en poudre
15 cl d'huile
1 kg d'échine de porc coupée en tranches de 5 mm, aplaties à 3 mm d'épaisseur

Hachez fin assez de racines de coriandre pour remplir 2 cuillères à soupe et gardez les branches pour décorer. Dans une jatte, mélangez le hachis obtenu avec l'ail, le sel, le poivre, le sucre et 5 cl d'huile. Avec cette pâte, frottez de chaque côté les tranches de porc. Posez-les dans un plat creux, couvrez et gardez à température ambiante pendant 1 heure.

Chauffez le reste d'huile, à feu vif dans une grande poêle. Ajoutez la viande et faites dorer 3 ou 4 minutes de chaque côté. Décorez et servez.

Pour 4 personnes

Kofta curry

3 cuillères à soupe
    d'huile
1 bâton de cannelle *
10 clous de girofle
1 oignon haché
2 gousses d'ail
    hachées
5 cm de gingembre
    haché *
1 cuillère à soupe de
    cumin moulu *
2 cuillères à soupe
    de coriandre
    moulue *
1 cuillère à café de
    poivre de
    Cayenne *
sel
(400 g) de tomates
750 g de bœuf haché
1 piment vert haché *
3 cuillères à soupe
    de coriandre
    hachée *
1 cuillère à café de
    garam massala *
1 œuf battu

Faites chauffer l'huile dans une grande poêle, ajoutez la cannelle, les clous de girofle et faites revenir 30 secondes, puis faites dorer l'oignon en tournant de temps en temps. Ajoutez l'ail, le gingembre, le cumin, la coriandre, le poivre de Cayenne, le sel, et laissez revenir 2 minutes à feu doux, en ajoutant 1-2 cuillères à soupe d'eau si le mélange devient collant. Ajoutez les tomates et leur jus. Couvrez, laissez mijoter pendant la préparation des boulettes : mélangez tous les autres ingrédients et salez. Formez 40 boulettes de la taille d'une noix. Faites-les glisser délicatement dans la sauce, en une seule couche, et laissez mijoter doucement 30 minutes, en les tournant avec précaution toutes les 10 minutes.
Pour 4 personnes

Massala fry

500 g de bœuf à
    braiser en cubes
4 cuillères à soupe
    d'huile
30 cl d'eau chaude
PATE D'ÉPICES :
25 g de tamarin *
30 cl d'eau chaude
2 petits piments
    rouges séchés *
1 cuillère à café de
    graines de cumin *
1 gousse d'ail
2 cm de gingembre *
    haché
2 gousses de
    cardamome *
    écossées
2 cuillères à café de
    curcuma *
1 cuillère à café de
    clous de girofle
    moulus
2 cuillères à café de
    cannelle * moulue
1/2 cuillère à café
    de sel

Faites la pâte d'épices : trempez le tamarin dans l'eau 5 à 10 minutes, égouttez et pressez pour ôter l'eau. Jetez la pulpe du tamarin. Passez au mixeur les piments, les graines de cumin, l'ail, le gingembre, les gousses de cardamome et l'eau de tamarin pour obtenir une pâte homogène. Ajoutez le curcuma, les clous de girofle, la cannelle et le sel.

Roulez les cubes de viande dans la pâte d'épices, couvrez et gardez 2 ou 3 heures.

Chauffez l'huile dans une poêle avec un couvercle, ajoutez la viande, les épices et faites revenir 10 minutes en tournant. Ajoutez l'eau, tournez bien, couvrez et laissez mijoter 30 à 45 minutes, ou jusqu'à ce que la viande soit tendre et qu'une partie du liquide soit évaporée.

Mettez dans un plat chaud et servez.
Pour 4 personnes

> ### Kofta
>
> En Inde les kofta, ou boulettes, sont très populaires. Chacun a sa recette favorite. Ici elles sont accompagnées d'une sauce au curry. Elles peuvent aussi être frites et servies avec des légumes épicés.
>
> Le massala est meilleur avec du bœuf à braiser. C'est un curry parfumé et sec que vous accompagnerez de nân ou de chapati (voir page 144).

Kofta curry ; massala fry

Fondue à la mongole

*1 kg de filet
  d'agneau congelé
50 g de vermicelle
1 gros chou chinois *
500 g d'épinards
2 pâtés de soja *,
  coupés en tranches
  fines
3 boîtes de
  consommé (400 g)
SAUCES :
6 ciboules hachées
2 cuillères à soupe
  de gingembre *,
  coupé en fines
  lanières
6 cuillères à soupe
  de pâte de graines
  de sésame *
3 cuillères à soupe
  d'huile de
  sésame *
6 cuillères à soupe
  de sauce soja *
4 cuillères à soupe
  de sauce chili
4 cuillères à soupe
  de coriandre
  ciselée **

Coupez l'agneau, encore à moitié congelé, en tranches fines comme une feuille de papier. Disposez-les dans un plat de service et laissez décongeler.

Faites tremper les vermicelles 10 minutes dans l'eau chaude. Égouttez-les soigneusement.

Mettez les feuilles de chou et les épinards dans un panier ou une assiette. Disposez les pâtés de soja et les vermicelles dans une autre assiette.

Mélangez la ciboule et le gingembre dans un bol. La pâte de graines de sésame et l'huile dans un autre. Versez la sauce soja et chili dans des saucières individuelles. A votre goût, servez la coriandre ciselée dans un autre bol à part.

Faites chauffer le consommé sur la table.

Au moment de la dégustation, chaque convive prépare sa sauce dans une petite assiette. Puis avec des baguettes ou des fourchettes à fondue, chacun fait cuire une tranche de viande dans le consommé bouillant et la trempe dans sa sauce avant de la déguster.

Quand il ne reste plus de viande, faites cuire les légumes, le vermicelle et les pâtés de soja dans le consommé, 5 à 10 minutes. Servez cette soupe à la fin du repas.

Pour 4 à 6 personnes

Fondue à la mongole

Émincé de bœuf au poivron

4 cuillères à soupe
  d'huile
1 gros oignon haché
1/2 cuillère à café
  de grains de
  coriandre
  moulus *
1/2 cuillère à café
  de curcuma *
2 cm de gingembre
  haché *
1 piment haché *
500 g de steak
  coupé en lamelles
1 poivron vert ou
  rouge, haché gros
2 tomates en
  quartiers
jus de 1 citron
sel

Dans l'huile chaude d'une poêle
faites revenir l'oignon ; quand il est
transparent, faites revenir 5 minutes
à feu doux la coriandre, le curcuma,
le gingembre, le piment. Si cela
devient sec, ajoutez 1 cuillère à
soupe d'eau.
  Ajoutez la viande et faites-la dorer
à feu vif. Ajoutez le poivron, couvrez
et laissez mijoter 5 à 10 minutes ; la
viande doit être tendre. Ajoutez les
tomates, le jus de citron, salez et
laissez cuire 3 minutes sans couvrir.
Servez.
Pour 4 personnes

Croquettes aloo

3 cuillères à soupe
  d'huile
1 gros oignon haché
1 cm de gingembre
  haché *
1 cuillère à café de
  grains de
  coriandre
  moulus *
250 g de bœuf haché
1 cuillère à soupe de
  raisins secs
sel
1 cuillère à soupe de
  coriandre fraîche
  hachée *
1 kg de purée de
  pommes de terre
  salée
farine
huile à friture

Dans l'huile chaude d'une poêle,
faites dorer l'oignon et le gingembre.
Ajoutez la coriandre, le bœuf et
laissez dorer.
Ajoutez les raisins, salez et laissez
mijoter 20 minutes ; la viande doit
être cuite. Dégraissez. Incorporez la
coriandre fraîche et laissez refroidir.
  Divisez la purée en 8 portions.
Avec les mains farinées, aplatissez
une portion, disposez 3 cuillères à
café du mélange ci-dessus au centre
et repliez la purée tout autour.
Donnez la forme d'une croquette
ronde.
  Passez chaque croquette dans de
la farine et faites-les dorer de tous
côtés rapidement dans la friture.
Pour 4 personnes

Émincé de bœuf au poivron ; croquettes aloo

Kheema aux légumes

4 cuillères à soupe
  d'huile
2 oignons hachés
2 cuillères à café de
  grains de
  coriandre
  moulus *
1/2 cuillère à café
  de cumin moulu *
1/2 cuillère à café
  de curcuma *
2 cm de gingembre
  haché *
1 piment haché *
1 cuillère à café de
  garam massala *
500 g de bœuf haché
250 g de petites
  pommes de terre
  coupées en quatre
sel
500 g de petits pois
  écossés

Faites chauffer l'huile dans une poêle et laissez revenir les oignons ; quand ils sont transparents, faites revenir 5 minutes à feu doux les épices, ajoutez 1 cuillère à soupe d'eau si le mélange commence à brûler. Ajoutez la viande et faites-la dorer à feu vif.

Baissez le feu, ajoutez les pommes de terre, salez, couvrez, laissez cuire 5 minutes, puis ajoutez les petits pois. Laissez cuire jusqu'à ce que les légumes soient tendres. Servez chaud.
Pour 4 personnes

Kofta au yaourt

500 g de bœuf haché
75 g de mie de pain
1 piment haché *
1 oignon haché
2 cm de gingembre
  haché *
2 cuillères à café de
  grains de
  coriandre
  moulus *
sel
1 œuf légèrement
  battu
huile à friture
500 g de yaourt
  nature
2 cuillères à soupe
  de coriandre
  coupée fin *

Mélangez le bœuf, la mie de pain, le piment, l'oignon, le gingembre, la coriandre, le sel et l'œuf, puis formez des boules de la taille d'une noix.

Dans l'huile chaude d'une grande poêle faites-les dorer. Égouttez-les soigneusement.

Versez le yaourt dans une jatte et ajoutez les boulettes encore chaudes. Saupoudrez la coriandre et servez.
Pour 4 personnes

Kheema aux légumes ; kofta au yaourt

Curry de bœuf aux pommes de terre

4 cuillères à soupe
  d'huile
2 oignons hachés
2 gousses d'ail
  hachées
1 cuillère à café de
  poivre de
  Cayenne *
1 cuillère à soupe de
  cumin moulu *
1/2 cuillère à soupe
  de grains de
  coriandre
  moulus *
2 cm de gingembre
  haché *
750 g de bœuf à
  braiser en cubes
2 cuillères à soupe
  de concentré de
  tomates
350 g de pommes de
  terre nouvelles
2 piments verts *

Dans l'huile chaude d'une grande poêle, faites dorer légèrement les oignons. Ajoutez l'ail, le poivre de Cayenne, le cumin, la coriandre, le gingembre, et laissez cuire à feu doux 5 minutes, en tournant de temps en temps ; si cela devient sec, ajoutez 2 cuillères à soupe d'eau.

Ajoutez le bœuf et faites-le dorer. Ajoutez le concentré de tomates, du sel et de l'eau en quantité suffisante pour couvrir la viande. Mélangez, portez à ébullition, couvrez et laissez mijoter 1 heure environ. Ajoutez les pommes de terre et les piments entiers et laissez frémir jusqu'à ce que les pommes de terre soient cuites.

Pour 4 personnes

Poivrons farcis

5 cuillères à soupe
  d'huile
1 oignon haché
2 cuillères à café de
  grains de
  coriandre
  moulus *
1 cuillère à café de
  cumin moulu *
1/2 cuillère à café
  de poivre de
  cayenne *
350 g de bœuf haché
3 cuillères à soupe
  de riz long grain
sel
4 gros poivrons verts
  ou rouges
1 boîte de tomates
  (environ 400 g)

Faites chauffer 3 cuillères à soupe d'huile dans une poêle, ajoutez l'oignon et laissez dorer. Ajoutez les épices et faites cuire 2 minutes. Ajoutez le bœuf et faites-le dorer. Ajoutez le riz, salez et laissez cuire 2 minutes.

Découpez une rondelle sur les poivrons dans le sens de la longueur et évidez-les. Remplissez-les avec le mélange.

Faites chauffer le reste d'huile dans une cocotte qui contienne juste les poivrons. Mettez-y les poivrons, versez dessus un peu du jus des tomates, disposez autour les tomates et le reste de jus, salez. Faites frémir, couvrez et laissez cuire environ 25 minutes. Le riz doit être tendre.

Pour 4 personnes

CI-DESSUS : *poivrons farcis*
A DROITE : *curry de bœuf aux pommes de terre*

Curry de bœuf

*3 cuillères à soupe
 d'huile
2 oignons coupés en
 rondelles
2 gousses d'ail
 hachées
1 piment vert
 haché **

*3,5 cm de gingembre
 haché **

*750 g de bœuf à
 braiser en cubes
1/2 cuillère à café
 de poivre de
 Cayenne **

*1 cuillère à café de
 curcuma **

*1 cuillère à café de
 poivre
1 cuillère à café de
 cumin moulu **

*1 cuillère à soupe de
 grains de
 coriandre
 moulus **

*1/2 cuillère à café
 de cannelle en
 poudre **

*1/2 cuillère à café
 de clous de girofle
 moulus **

*30 cl de lait de
 coco * (voir note)
10 cl de vinaigre*

Dans l'huile chaude d'une cocotte
faites dorer l'oignon. Ajoutez l'ail, le
piment, le gingembre, laissez revenir
1 minute, puis ajoutez le bœuf, le
reste des épices et laissez cuire
5 minutes en tournant de temps en
temps.

Versez le lait de coco, qui doit
juste recouvrir la viande ; s'il n'y a
pas assez de liquide, complétez avec
de l'eau. Salez, portez à ébullition,
couvrez et laissez cuire 1 heure 30.

Versez le vinaigre et laissez cuire
encore 30 minutes ; la viande doit
être tendre et la sauce épaisse.

Pour 4 personnes

Note : 75 g de crème de noix de
coco fondue dans 25 cl d'eau peuvent
remplacer le lait de coco.

Bœuf à l'aigre-douce

*1 kg de bœuf à
 braiser, coupé en
 cubes de 5 cm
1 gros oignon
 finement émincé
4 piments * verts,
 épépinés et
 finement émincés
2 fines tranches de
 gingembre *
 écrasées
2 belles gousses d'ail
 écrasées
2 cuillères à soupe
 d'huile
1 cuillère à café de
 laos * en poudre
50 cl de bouillon de
 bœuf ou d'eau
15 cl de ketjap
 manis **

*4 cuillères à soupe
 de vinaigre de vin
2 cuillères à café de
 sucre
sel*

Mélangez dans une grande casserole
la viande, l'oignon, les piments, le
gingembre, l'ail, l'huile et le laos.
Faites cuire 5 à 10 minutes à feu vif
en tournant de temps en temps,
jusqu'à ce que la viande soit dorée
de tous les côtés.

Ajoutez le reste des ingrédients et
portez à ébullition en tournant
fréquemment. Réduisez le feu et, en
tournant de temps en temps, laissez
mijoter 1 heure, ou jusqu'à ce que la
viande soit tendre et la sauce réduite
à un épais glaçage.

Versez dans un plat chaud et
servez avec du riz.

Pour 4 à 6 personnes.

CI-DESSUS : *Curry de bœuf ;* A DROITE : *bœuf à l'aigre-douce*

Curry d'agneau aux épices

4 cuillères à soupe
   d'huile
750 g d'agneau
   coupé en lanières
90 cl de lait de
   coco * épais
jus de 1 citron
6 feuilles de curry *
PATE D'ÉPICES :
3 petits oignons en
   quartiers
3 gousses d'ail
2 cm de gingembre *
   haché
4 noix de kémiri *
   ou 15 g
   d'amandes
   émondées
1 cuillère à café de
   curcuma *
1 cuillère à café de
   citronnelle * en
   poudre
1/2 à 1 cuillère à
   café de petits
   piments rouges
   secs *
1 cuillère à café de
   chaque :
   cannelle * moulue,
   clous de girofle et
   cardamome *
1 cuillère à soupe de
   coriandre *
   moulue
1/2 cuillère à café
   de cumin * moulu
1 cuillère à café de
   sucre
1 cuillère à café de
   sel

Faites la pâte d'épices : passez au mixeur tous les ingrédients pour obtenir un mélange lisse.

Chauffez l'huile dans une grande casserole et faites frire la pâte d'épices pendant 5 minutes en tournant. Ajoutez la viande, faites dorer, puis ajouter le lait de coco, le jus de citron et les feuilles de curry.

Portez à ébullition et laissez mijoter sans couvrir pendant 25 à 30 minutes, ou jusqu'à ce que la viande soit tendre, en tournant fréquemment. Servez chaud, décoré de coriandre, éventuellement.
Pour 4 personnes

Rendang de bœuf ; curry d'agneau aux épices

Rendang de bœuf

50 g de tamarin *
15 cl d'eau chaude
90 cl de lait de coco
   épais *
1 cuillère à café de
   sucre
sel
750 g de rumsteak
   en cubes
4 feuilles de curry *
PATE D'ÉPICES :
2 cuillères à café de
   poivre de
   Cayenne *
4 oignons hachés
4 gousses d'ail
5 cm de gingembre *
   haché
1 cuillère à café de
   curcuma *
1 cuillère à soupe de
   coriandre *
   moulue
1 cuillère à café de
   cumin * moulu
1 cuillère à café de
   citronnelle *

Faites tremper le tamarin 5 à 10 minutes dans l'eau chaude. Égouttez et pressez pour faire sortir toute l'eau. Jetez le tamarin. Faites la pâte d'épices : passez au mixeur tous les ingrédients pour obtenir un mélange lisse.

Mettez la pâte d'épices dans une grande casserole. Versez dedans le lait de coco, l'eau de tamarin, le sucre et le sel. Quand tout est bien mélangé, ajoutez le bœuf, les feuilles de curry et portez à ébullition. Baissez le feu et laissez cuire à découvert en tournant fréquemment, pendant 30 minutes, ou jusqu'à ce que la sauce soit épaisse.

Terminez la cuisson à petit feu pendant 1 h/1 h 30, jusqu'à ce que le curry soit sec et d'un brun foncé. Tournez souvent pour éviter que cela n'attache. Servez chaud, garni de citron vert, si vous aimez.
Pour 4 personnes.

Rendang

Le rendang est le célèbre curry de bœuf indonésien. Particulièrement épicé à Sumatra – vous pouvez en adoucir la force en diminuant le nombre de piments – ce plat est délicat à préparer, surtout à la fin quand la viande doit dorer sans brûler. Vous pouvez le confectionner la veille.
Le curry d'agneau est aussi d'origine indonésienne.

Nargis Kebab

250 g de bœuf haché
2 gousses d'ail
2 cm de gingembre
    râpé*
1/2 cuillère à café
    de grains de
    coriandre moulus*
1/2 cuillère à café
    de cumin moulu*
1/2 cuillère à café
    de Cayenne*
1/4 cuillère à café
    de clous de girofle
    moulus
1 cuillère à soupe de
    maïzena
sel
1 jaune d'œuf
4 petits œufs durs
huile à friture
SAUCE :
4 cuillères à soupe
    d'huile
1 bâton de cannelle
    de 5 cm*
6 clous de girofle
6 gousses de
    cardamome*
1 oignon haché
2 gousses d'ail
2 cm de gingembre
    râpé*
2 cuillères à café de
    grains de
    coriandre moulus*
1 cuillère à café de
    cumin moulu*
1/2 cuillère à café
    de Cayenne*
4 cuillères à soupe
    de yaourt nature
1 boîte (400 g) de
    tomates
2 cuillères à soupe
    de coriandre
    hachée*

Mélangez la viande, l'ail écrasé, les épices, la maïzena, le sel. Liez avec le jaune d'œuf et divisez en quatre portions égales.

Aplatissez-les, posez au centre de chacune un œuf dur et ramenez les bords afin que l'œuf soit totalement entouré du mélange. Donnez la forme d'une boule.

Faites dorer les boules dans l'huile chaude d'une poêle. Retirez-les et laissez-les de côté pendant la préparation de la sauce.

Dans l'huile chaude d'une poêle, faites revenir quelques secondes la cannelle, les clous de girofle, la cardamome. Ajoutez l'oignon, l'ail écrasé, le gingembre, laissez dorer, puis faites-y revenir 1 minute la coriandre, le cumin, le poivre de Cayenne. Versez le yaourt, une cuillère à la fois, en tournant bien entre chaque cuillère.

Écrasez les tomates avec une fourchette, ajoutez-les ainsi que leur jus et laissez mijoter 1 minute. Mettez les boulettes dans la sauce, salez et laissez cuire 25 minutes sans couvrir ; la sauce doit être épaisse. Ajoutez la coriandre avant de servir.
Pour 4 personnes
Note : vous pouvez servir ces boulettes sans la sauce, et remplacer le bœuf par de l'agneau.

Kheema aux oignons

500 g d'oignons
4 cuillères à soupe
    d'huile
2 cm de gingembre
    haché*
1 gousse d'ail
    hachée
1 piment vert haché*
1 cuillère à café de
    curcuma*
1 cuillère à café de
    grains de
    coriandre moulus*
1 cuillère à café de
    cumin moulu*
750 g d'agneau
    haché
150 g de yaourt
    nature
1 boîte (220 g) de
    tomates
sel

Hachez 350 g d'oignons et coupez le reste en rondelles.

Faites chauffer 2 cuillères à soupe d'huile dans une poêle et faites dorer les oignons hachés. Ajoutez le gingembre, l'ail, le piment, les épices, et laissez revenir 2 minutes. Ajoutez l'agneau et faites-le dorer, tout en tournant.

Incorporez peu à peu le yaourt ; quand il est absorbé, ajoutez les tomates et leur jus, salez. Portez à ébullition, couvrez et laissez mijoter 20 minutes.

Pendant ce temps faites dorer les rondelles d'oignons.

Disposez la viande dans un plat de service chaud et décorez avec les rondelles d'oignons.
Pour 4 personnes

Nargis Kebab ; kheema aux oignons

Curry de bœuf thaïlandais ; porc aux crevettes

Curry de bœuf thaïlandais

75 cl de lait de coco* épais
750 g de bœuf à braiser en cubes
sel
2 piments* émincés
2 cuillères à soupe de nuoc-mân* ou de sauce de soja*
3 feuilles de citron vert (facultatif)
PÂTE D'ÉPICES :
4 gousses d'ail
2 petits oignons en quartiers
3 à 6 petits piments rouges séchés*
1 cuillère à café de citronnelle* ou de zeste de citron
1 cuillère à café de laos* (facultatif)
1 morceau de gingembre* de 1 cm
1 cuillère à soupe de coriandre* moulue
1 cuillère à café de cumin* moulu
1 cuillère à café de curcuma*

Dans une casserole, portez à ébullition 60 cl de lait de coco. Ajoutez le bœuf, le sel, couvrez et laissez frémir 1 heure à 1 heure 1/2, ou jusqu'à ce que la viande soit tendre. Retirez le bœuf et mettez-le de côté.

Faites la pâte d'épices : passez au mixeur tous les ingrédients pour obtenir un mélange lisse.

Versez le reste de lait de coco dans une seconde casserole. Incorporez la pâte d'épices et faites cuire 15 minutes en tournant ou jusqu'à ce que le mélange soit sec et bien frit. Versez dedans, peu à peu, le lait de coco de la première casserole et portez à ébullition en tournant. Ajoutez le bœuf, les piments, le nuoc-nâm ou la sauce soja, et, éventuellement, les feuilles de citron vert. Faites cuire 10 à 15 minutes ou jusqu'à ce que la sauce soit épaisse.

Versez dans un plat chaud et servez.

Pour 4 personnes

Porc aux crevettes

30 cl de lait de coco* épais
250 g de crevettes crues épluchées et hachées fin
250 g de filet de porc haché fin
2 piments rouges* hachés fin
1 cuillère à café de sel
1 cuillère à café de sucre
1/2 cuillère à café de poivre

Versez le lait de coco dans une casserole et portez à ébullition. Mélangez les crevettes, le porc et mettez-le dans le lait de coco.

Ajoutez les piments, le sel, le sucre, le poivre et laissez mijoter doucement 15 à 20 minutes.

Mettez dans un plat chaud et servez.

Pour 4 personnes

Riz thaïlandais

Pour les Thaïlandais, le riz nature est la base des repas. « Nature » est le mot juste, car ils salent à peine le riz, les autres plats étant très assaisonnés, surtout ceux qui contiennent du nam pla (sauce au poisson).

Les currys thaïlandais sont beaucoup plus épicés que les currys indiens, car ils utilisent les petits piments oiseaux extrêmement féroces – utilisez-les à vos risques et périls !

Curry rapide

*500 g de viande en
 cubes (bœuf,
 agneau ou porc)*
*500 g d'oignons
 hachés*
*1 bâton de cannelle
 de 2 cm**
6 clous de girofle
*1 cuillère à soupe de
 coriandre moulue**
*1 cuillère à café de
 cumin moulu**
*1/2 cuillère à café
 de curcuma**
*1 cuillère à café de
 Cayenne**
*2 cm de gingembre
 haché**
*1 cuillère à soupe de
 concentré de
 tomates*
*3 cuillères à soupe
 d'huile*
*250 g de petites
 pommes de terre
 nouvelles*

Mélangez tous les ingrédients, sauf
les pommes de terre, dans une
cocotte, salez ; le mélange doit être
humide : si nécessaire, ajoutez
1 cuillère à soupe d'huile. Couvrez et
laissez une nuit au réfrigérateur.

Faites cuire à feu vif ; quand le
mélange commence à dorer,
mélangez bien, puis laissez mijoter
1 heure 30 à feu doux ; la viande
doit être tendre.

Ajoutez les pommes de terre
20 minutes avant la fin de la
cuisson.
Pour 4 personnes

Vindaloo de porc ; curry rapide

Vindaloo de porc

*1-2 cuillères à café
 de poivre de
 Cayenne**
*1 cuillère à café de
 curcuma**
*2 cuillères à café de
 cumin moulu**
*2 cuillères à café de
 graines de
 moutarde
 moulues**
*3 cm de gingembre
 haché**
sel
15 cl de vinaigre
1 gros oignon haché
*2 gousses d'ail
 écrasées*
*750 g de filet de
 porc en cubes*
*4 cuillères à soupe
 d'huile*

Mélangez les épices, le scl et le
vinaigre. Mettez l'oignon, l'ail, le
porc dans une jatte, versez dessus le
mélange précédent, couvrez et laissez
une nuit au réfrigérateur.

Faites chauffer l'huile dans une
poêle, ajoutez le contenu de la jatte,
portez à ébullition, couvrez et laissez
cuire 45 minutes. La viande doit être
tendre.
Pour 4 personnes

Côtes de porc massala

1 cuillère à café de
   cumin moulu*
2 cuillères à café de
   coriandre moulue*
1/4 cuillère à café
   de poivre de
   Cayenne*
1 gousse d'ail
   écrasée
sel
jus de 1 citron
4 côtes de porc

Mélangez les épices, l'ail, le sel, puis
du jus de citron, pour obtenir une
pâte. Incisez la viande des deux
côtés, frottez dessus la pâte et laissez
ainsi 30 minutes. Passez sous le gril
5 à 6 minutes de chaque côté.
Pour 4 personnes

Gigot aux épices

1 gigot (2 kg), la
   peau retirée et
   dégraissé
50 g de gingembre
   haché*
6 gousses d'ail
zeste de 1 citron
jus de 2 citrons
2 cuillères à café de
   cumin*
6 gousses de
   cardamome
   pelées*
1 cuillère à café de
   clous de girofle
   moulus
1 cuillère à café de
   curcuma*
1 1/2 cuillère à café
   de poivre de
   Cayenne*
1 cuillère à soupe de
   sel
300 g de yaourt
150 g d'amandes
   entières non pelées
4 cuillères à soupe
   de sucre roux
1 cuillère à café de
   brins de safran*
   trempés dans
   3 cuillères d'eau
   bouillante

Piquez la viande avec une fourchette
et faites-lui 12 incisions profondes.
   Passez au mixeur le gingembre,
l'ail, le zeste et le jus de citron, les
épices, le sel. Badigeonnez la viande
avec ce mélange et laissez 1 heure
ainsi dans un plat à four.
   Mélangez 4 cuillères à soupe de
yaourt avec les amandes et
2 cuillères à soupe de sucre. Ajoutez
le reste de yaourt et versez sur la
viande. Couvrez et laissez 48 heures
au réfrigérateur.
   Laissez la viande atteindre la
température ambiante.
Saupoudrez-la avec le reste de sucre
et faites-la cuire 30 minutes dans un
four à 220°. Couvrez et laissez cuire
3 heures à 160°, en arrosant de
temps en temps. Versez sur la viande
l'eau, le safran et laissez cuire encore
30 minutes.
   Posez la viande sur un plat de
service et tenez-la au chaud.
Dégraissez le jus de cuisson, portez à
ébullition ; quand il est épais,
versez-le sur la viande. Découpez-la
en tranches épaisses.
Pour 6 personnes

Côtes de porc massala ; gigot aux épices

Émincé d'agneau aux épices

750 g d'agneau
 désossé
3 cuillères à soupe
 d'huile
250 g d'oignons
 hachés
6 clous de girofle
6 gousses de
 cardamome*
1 bâton de cannelle
 de 2 cm*
1 piment vert haché*
1 cuillère à café de
 coriandre moulue*
1 cuillère à café de
 cumin moulu*
300 g de yaourt
2 cuillères à soupe
 de coriandre
 hachée*
1 cuillère à café de
 curry*
1 cuillère à café de
 garam massala*

Coupez la viande en lanières.

Dans l'huile chaude d'une poêle, faites revenir l'oignon ; quand il est transparent, faites revenir 1 minute les clous de girofle, la cardamome, la cannelle, ajoutez le piment et faites dorer la viande 10 minutes. Mélangez le reste des ingrédients, sauf le garam massala, salez. Portez à ébullition et laissez cuire 40 minutes, sans couvrir. Il ne doit plus y avoir de liquide. Ajoutez le garam massala, mélangez bien et servez.
Pour 4 personnes

Curry de mouton aux épices

5 cuillères à soupe
 d'huile
6 gousses de
 cardamome*
6 clous de girofle
6 grains de poivre
1 bâton de cannelle
 de 2 cm*
750 g d'agneau
 coupé en cubes
6 échalotes hachées
2 gousses d'ail
 hachées
5 cm de gingembre
 haché*
1 cuillère à soupe de
 coriandre moulue*
1 cuillère à café de
 cumin moulu*
1 cuillère à café de
 poivre de
 Cayenne*
150 g de yaourt
 nature
1 cuillère à café de
 garam massala*
 coriandre hachée

Faites chauffer 4 cuillères à soupe d'huile dans une cocotte et faites revenir 1 minute la cardamome, les clous de girofle, le poivre, la cannelle.

Ajoutez peu à peu les cubes de viande ; quand ils sont dorés, mettez-les sur un plat et jetez les épices.

Versez le reste d'huile dans la cocotte, faites revenir 5 minutes les échalotes, l'ail, le gingembre, puis, sans cesser de tourner, la coriandre moulue, le cumin, le poivre de Cayenne ; salez. Incorporez peu à peu le yaourt.

Remettez la viande dans la cocotte, ajoutez de l'eau en quantité suffisante pour qu'elle recouvre la viande. Portez à ébullition, couvrez et laissez cuire 1 heure.

Saupoudrez de garam massala, tournez 1 minute. Saupoudrez de coriandre avant de servir.
Pour 4 personnes

CI-DESSUS : *émincé d'agneau aux épices*
A DROITE : *curry de mouton aux épices*

Gigot en brochettes ; agneau Malabar

Gigot en brochettes

*500 g de gigot, en
   petits cubes
2 oignons coupés en
   carrés
1 morceau de
   gingembre* de
   2 cm, en tranches
   fines
2 cuillères à soupe
   d'huile
300 g de yaourt
   nature
1 cuillère à café de
   sel
PATE D'ÉPICES :
1 oignon en quartiers
2 gousses d'ail
1 cuillère à soupe de
   graines de
   coriandre*
1 morceau de
   gingembre* de
   2 cm, haché
1/2 à 1 cuillère à
   café de piments
   rouges* secs
1 cuillère à café de
   curcuma**

Faites d'abord la pâte d'épices :
passez au mixeur tous les ingrédients
jusqu'à ce que le mélange soit
homogène.

Sur 8 brochettes de bois, alternez
des morceaux de viande, d'oignon et
de gingembre.

Faites chauffer l'huile dans une
poêle, et faites revenir la pâte
d'épices pendant 5 minutes en
tournant ; ajoutez une cuillère à
soupe d'eau si cela devient trop sec.

Ajoutez les brochettes et faites
revenir 3 ou 4 minutes en tournant
de temps en temps. Retirez-les et
versez le yaourt dans la poêle, une
cuillère à la fois. Quand tout est
incorporé, remettez les brochettes,
ajoutez le sel et 2 ou 3 cuillères à
soupe d'eau, puis portez à ébullition.
Couvrez. Laissez cuire 35 minutes,
en ajoutant un peu d'eau si la sauce
s'évapore. Servez très chaud.
Pour 4 personnes

Agneau Malabar

*3 cuillères à soupe
   d'huile
2 oignons hachés
1 cuillère à café de
   curcuma*
1 cuillère à soupe de
   coriandre* moulue
1 cuillère à café de
   cumin* moulu
2 cuillères à café de
   poivre de
   Cayenne*
1/2 cuillère à café
   d'ail moulu
12 feuilles de curry*
750 g de gigot
   d'agneau, en cubes
1 cuillère à soupe de
   noix de coco râpée
30 cl d'eau*

Mettez l'huile dans une casserole et
faites dorer les oignons. Ajoutez le
curcuma, la coriandre, le cumin, le
poivre de Cayenne, l'ail, les feuilles
de curry et faites revenir 1 ou
2 minutes.

Ajoutez la viande et la noix de
coco et faites dorer, en tournant.
Versez l'eau, ajoutez 1 cuillère à
café de sel. Couvrez et laissez
mijoter 45 minutes.

Disposez sur un plat chaud.
Pour 4 personnes

Service à l'indienne

Le repas de la classe moyenne indienne consiste en deux ou
trois plats de légumes, y compris un plat de lentilles. Si ce
n'est pas un repas végétarien, il y aura aussi du poisson ou
de la viande. Le riz et le pain sont les accompagnements
traditionnels ainsi que les poppadoms, le yaourt, les pickles,
les chutneys, les rondelles d'oignons et la menthe hachée.
Tous les plats sont posés en même temps sur des *thalis*,
grands plateaux de métal. Le riz est placé au centre et les
autres plats tout autour. Les chutneys, les pickles et autres
accompagnements sont aussi posés sur le *thali*.

Dinde à l'indienne

1/2 cuillère à café
  de cayenne*
1/2 cuillère à café
  de gingembre en
  poudre*
2 gousses d'ail
  écrasées
2 cuillères à café de
  coriandre et
  cumin* en poudre
2 cuillères à café de
  paprika
sel et poivre
300 g de yaourt
1 cuillère à soupe de
  jus de citron
4 escalopes de dinde
POUR DÉCORER :
laitue ciselée
rondelles d'oignon
brins de menthe
rondelles de citron

Dans un saladier, mettez le cayenne, le gingembre, l'ail, la coriandre, le cumin et le paprika ; salez et poivrez. Ajoutez le yaourt et le jus de citron.

Placez les escalopes dans un plat. Nappez avec la préparation, couvrez et laissez une nuit au frais.

Retirez la viande de la marinade. Faites cuire 10 à 12 minutes de chaque côté sous le gril, en arrosant souvent de marinade, jusqu'à ce que la chair soit tendre. Disposez dans une assiette sur un lit de laitue. Décorez d'oignon, de menthe et de citron. Servez immédiatement.

Pour 4 personnes

Agneau à la coriandre

2 gousses d'ail
  émincées
1/2 cuillère à café
  de poivre de
  cayenne*
2 cuillères à café de
  gingembre en
  poudre*
1 cuillère à café de
  coriandre moulue*
2 cuillère à soupe de
  feuilles de
  coriandre
  hachées*
150 g de yaourt
  nature
sel et poivre
4 tranches de filet
  d'agneau
POUR DÉCORER :
quartiers de citron
feuilles de
  coriandre*

Dans un saladier, mélangez bien l'ail, le poivre de cayenne, le gingembre, la coriandre moulue et fraîche, avec le yaourt, du sel et du poivre.

Mettez la viande dans un plat, nappez de yaourt épicé, couvrez et laissez mariner 2 heures en tournant de temps en temps.

Retirez de la marinade. Faites cuire 8 à 10 minutes de chaque côté sous le gril, en arrosant souvent de marinade, jusqu'à ce que la chair soit tendre et dorée.

Servez chaud, décoré de quartiers de citron et de coriandre.

Pour 4 personnes

Dinde à l'indienne ; agneau à la coriandre

Titbits d'agneau

SAUCE :
*10 cl de sauce soja**
2 cuillères à soupe
*de vin de riz**
2 cuillères à soupe
de Worcestershire
sauce, ou de
Viandox
2 cuillères à soupe
de sucre en poudre
1 cuillère à soupe de
coriandre fraîche*
hachée fin
2 cuillères à café
d'huile de
*sésame**
2 cuillères à café de
gingembre râpé*
1 cuillère à café de
*pili-pili**
2 gousses d'ail
écrasées
1 ciboule, le vert
seulement, haché
fin
TITBITS :
4,5 l d'eau
1 kg d'épaule
d'agneau coupée
en morceaux de la
grosseur d'une
bouchée
4 ciboules hachées
gros
4 fines tranches de
*gingembre**
écrasées
2 cuillères à soupe
*de vin de riz**
2 cuillères à soupe
*de sauce soja**
*1 bâton de cannelle**
1 cuillère à café de
poivre du
*Sichuan**
*2 graines anis étoilé**
entières
sel

Pour faire la sauce, mélangez tous les ingrédients dans un petit bol, et tournez jusqu'à ce que le sucre soit fondu. Répartissez la sauce dans 6 petits bols, couvrez et mettez de côté.

Dans un wok ou une grande casserole, versez 2 l 3/4 d'eau, et portez rapidement à ébullition. Ajoutez l'agneau, et cuisez 1 minute. Égouttez dans une passoire, puis passez sous l'eau froide ; secouez bien pour éliminer le surplus d'eau. Nettoyez le récipient.

Mettez l'agneau, le reste d'eau, les ciboules, le gingembre, le vin de riz, la sauce soja, la cannelle, le poivre, l'anis, le sel dans la casserole rincée. A feu vif, portez à ébullition, puis réduisez le feu et laissez frémir 30 minutes jusqu'à ce que l'agneau soit tendre. Avec une écumoire, sortez la viande et posez-la sur un plat chaud. Servez avec la sauce.

Pour 6 personnes

Curry d'agneau aux abricots

4 oignons : 2 en
quartiers et
2 hachés
2 gousses d'ail
1/2 à 1 cuillère à
café de petits
*piments rouges**
50 g d'amandes
émondées
1 cuillère à soupe de
coriandre moulue*
3 cuillères à soupe
d'huile
*5 cm de cannelle**
6 gousses de
*cardamome**
8 clous de girofle
750 g de gigot
d'agneau en cubes
300 g de yaourt
nature
250 g d'abricots secs
ayant trempé
toute la nuit
1 cuillère à soupe de
menthe hachée

Passez au mixeur les quartiers d'oignon, l'ail, les piments, les amandes et la coriandre pour obtenir un mélange lisse.

Chauffez l'huile dans une casserole et faites revenir la cannelle, la cardamome et les clous de girofle pendant quelques secondes. Dès qu'ils commencent à changer de couleur, retirez-les avec l'écumoire. Jetez une partie du gras.

Dans la casserole, faites fondre le reste des oignons, ajoutez la pâte préparée et faites frire 3 ou 4 minutes. Mettez l'agneau et faites revenir en tournant 5 minutes. Incorporez peu à peu le yaourt, puis les abricots. Salez à votre goût. Laissez mijoter à moitié couvert pendant 40 minutes ou jusqu'à ce que l'agneau soit tendre. Tournez de temps en temps et versez un peu d'eau si la sauce est trop épaisse. Ajoutez la menthe et servez aussitôt.

Pour 4 personnes

Poulet aux épinards

3 cuillères à soupe
d'huile
2 oignons hachés
2 gousses d'ail
écrasées
2 cm de gingembre
*haché**
2 cuillères à café de
coriandre moulue
1 cuillère à café de
cayenne
sel
750 g de cuisses de
poulet
750 g d'épinards

Dans l'huile chaude d'une cocotte, faites dorer les oignons. Ajoutez l'ail, le gingembre, la coriandre, le poivre de Cayenne, le sel et laissez revenir 2 minutes, en tournant.

Ajoutez le poulet, laissez-le dorer. Ajoutez les épinards, couvrez et laissez mijoter 35 minutes.

Si cela se dessèche en cours de cuisson, ajoutez 2 à 3 cuillères à soupe de lait, S'il y a trop de liquide, laissez cuire quelques instants sans couvercle.

Pour 4 personnes

Poulet à la pâte d'épices

8 morceaux de
    poulet, sans la
    peau
jus de 1 citron
3 cuillères à soupe
    d'huile
30 cl d'eau
PATE D'ÉPICES :
4 cuillères à soupe
    de noix de coco
    déshydratée,
    trempée dans
4 cuillères à soupe
    d'eau chaude
2 à 4 piments
    rouges* hachés
4 petits oignons en
    quartiers
2 gousses d'ail
4 kemiri* ou noix
    du Brésil
1 cuillère à café de
    laos* (facultatif)
1 morceau de
    gingembre
    d'1 cm*
1 cuillère à café de
    citronnelle* en
    poudre ou de zeste
    de citron
1 cuillère à café de
    blachan* ou pâte
    de crevettes
1 cuillère à café de
    sucre
1 cuillère à café de
    sel

Frottez les morceaux de poulet avec le jus de citron et mettez de côté 20 minutes.

Passez au mixeur tous les ingrédients de la pâte d'épices pour obtenir un mélange lisse. Chauffez l'huile dans une grande poêle et faites revenir la pâte en tournant, 5 minutes.

Ajoutez les morceaux de poulet et faites frire 5 minutes. Mettez l'eau et faites cuire sans couvrir 30 minutes, ou jusqu'à ce que le poulet soit tendre et la sauce épaisse.

Servez dans un plat chaud.

Pour 4 personnes

Poulet à la pâte d'épices ; poulet korma

Poulet Korma

2 cuillères à soupe
    d'huile
2 oignons émincés
1 gousse d'ail
1 cm de gingembre*
    haché
1 cuillère à soupe de
    coriandre* moulue
1/2 à 1 cuillère à
    café de cayenne*
2 cuillères à café de
    graines de pavot
1 cuillère à café de
    cumin* moulu
225 g de yaourt
    nature
4 blancs de poulet
    sans la peau
1 cuillère à café de
    sel
feuilles de
    coriandre*

Dans une casserole, faites dorer 1 oignon dans l'huile. Retirez-le avec l'écumoire, mettez-le sur du papier absorbant, puis passez-le au mixeur avec l'ail, le gingembre, la coriandre, le poivre de Cayenne, les graines de pavot, le cumin et 1 cuillère à soupe de yaourt pour obtenir une pâte.

Faites dorer dans l'huile l'autre oignon. Ajoutez la pâte d'épices et faites frire 2 minutes en tournant de temps en temps. Mettez le poulet et faites frire à feu vif 3 minutes.

Incorporez peu à peu le yaourt, 1 cuillère à la fois : attendez qu'elle soit absorbée pour en remettre. Salez. Diminuez le feu, couvrez et laissez mijoter 20 minutes, ou jusqu'à ce que le poulet soit tendre. Si le curry semble sec, mettez 2 ou 3 cuillères d'eau.

Mettez dans un plat chaud, décorez de coriandre, et servez.

Pour 4 personnes

Accompagnements

Accompagnez le poulet à l'indonésienne de bananes frites et d'une sélection de sambals.

Pour le poulet korma, vous pouvez remplacer le poulet par du porc, mais le temps de cuisson sera un peu plus long. Accompagnez de lentilles aux épinards (page 106) et de riz nature.

« Bol de la famille »

250 g de poulet
    désossé, sans
    peau, coupé en
    lanières
250 g de porc en
    tranches très fines
250 g de gambas
    crues, épluchées,
    mais avec la
    queue
1 morceau de
    kamaboko* de
    15 cm, émincé
250 g de chou
    chinois* coupé en
    5 morceaux de
    2,5 cm
125 g d'épinards,
    sans la queue
12 petits
    champignons de
    Paris
4 ciboules coupées
    en morceaux de
    5 cm
1 carotte en fines
    tranches
250 g de nouilles
    udon*
250 g de nouilles
    soba*
2,25 l de bouillon de
    poule
15 cl de sauce soja*
2 cuillères à soupe
    de saké* ou de vin
    blanc sec
sel
poudre de sept-
    épices ou
    shichimi* pour
    accompagner

Disposez de façon attrayante
viandes, crevettes et légumes sur
trois plats séparés, couvrez et mettez
de côté. Posez les nouilles sur une
assiette et mettez-les de côté.
Mélangez le bouillon de poule, la
sauce soja, le saké, le sel dans une
casserole. Portez à ébullition, puis
retirez du feu.

Versez le mélange de bouillon
dans un caquelon à fondue que vous
posez sur le réchaud allumé, au
milieu de la table. Le bouillon doit
continuer à frémir. Disposez sur la
table, autour, les plats de viandes,
crevettes et légumes.

Chaque convive plonge au fur et à
mesure les mets dans le liquide
bouillant et les saupoudre des sept
épices avant de consommer. Utilisez
les baguettes ou des fourchettes à
fondue. On mange vers la fin les
mets à saveur très relevée.

On termine par les nouilles qu'on
verse dans le bouillon. Quand elles
sont cuites, les convives se servent en
remplissant des bols à soupe
individuels.

Pour 4 personnes

A GAUCHE : « *bol de la famille* »
A DROITE : *poulet aux épices*

Poulet à l'indonésienne

1,250 kg de poulet
   coupé en
   morceaux
sel et poivre
4 cuillères à soupe
   d'huile
1 oignon moyen
   haché
1 gousse d'ail
   écrasée
1 cuillère à café de
   gingembre* râpé
1/2 cuillère à café
   de coriandre*
   moulue
1/4 cuillère à café
   de cardamome :
   moulue
60 cl de bouillon de
   poule
60 cl de lait de
   coco* épais

Salez et poivrez les morceaux de poulet. Faites chauffer à feu modéré 3 cuillères à soupe d'huile dans une grande casserole. Faites revenir le poulet 10 minutes, en tournant souvent, jusqu'à ce qu'il soit doré. Égouttez-le sur du papier absorbant et mettez de côté.

Jetez le gras et nettoyez la casserole. Versez le reste d'huile et chauffez à feu vif. Faites cuire l'oignon, l'ail et les épices pendant 5 minutes en tournant souvent. Ajoutez le bouillon et portez à ébullition. Incorporez le lait de coco et faites cuire 10 minutes en tournant. Remettez le poulet dans la casserole et réduisez le feu. Couvrez et laissez frémir 30 à 40 minutes en tournant de temps en temps.

Pour 4 personnes

Poulet aux épices

3 cuillères à soupe
   d'huile
4 blancs de poulet
   coupés en
   3-4 morceaux
6 gousses de
   cardamome*
6 clous de girofle
1 bâton de cannelle
   de 5 cm*
1 gros oignon émincé
2 gousses d'ail
3 cm de gingembre
   haché*
1 piment vert
   épépiné*
jus de 1 citron
1 cuillère à café de
   curcuma*
50 g de crème de
   noix de coco*
15 cl d'eau chaude
sel

Dans l'huile chaude d'une cocotte, faites revenir rapidement le poulet. Retirez-le et mettez-le de côté.

Ajoutez un peu d'huile dans la cocotte, si nécessaire, et faites revenir 1 minute la cardamome, les clous de girofle, la cannelle. Ajoutez l'oignon, laissez-le devenir transparent.

Passez au mixeur l'ail, le gingembre, le piment, le jus de citron. Ajoutez la pâte obtenue dans la cocotte ainsi que le curcuma et laissez cuire 5 minutes.

Faites tremper la noix de coco dans de l'eau chaude, puis versez-la dans la cocotte. Salez, laissez mijoter 2 minutes, puis ajoutez le poulet et son jus. Laissez mijoter 15 à 20 minutes.

Pour 4 personnes

Poulet grillé

250 g de poivrons
   rouges, évidés et
   hachés
6 gousses d'ail
1 1/2 cuillère à café
   de blachan* ou
   pâte de crevettes
1 cuillère à café de
   citronnelle*
   moulue
1/2 cuillère à café
   de poivre de
   Cayenne
sel et poivre
1,500 kg de poulet
   coupé en
   morceaux
2,5 cl d'huile
5 cl de bouillon de
   poule
3 cuillères à soupe
   de jus de citron
   vert

Passez au mixeur les poivrons, l'ail, le blachan, la citronnelle, le poivre de Cayenne et le sel pour obtenir une pâte fine. Versez dans une jatte, couvrez et mettez de côté.

Salez et poivrez le poulet. Placez-le à 10 cm sous le gril. Faites-le cuire 15 minutes, puis retournez-le et laissez-le 5 minutes, jusqu'à ce que les blancs soient à point. Retirez les blancs et gardez-les au chaud pendant que le reste du poulet cuit encore 5 à 10 minutes.

Chauffez l'huile à feu très vif dans un wok ou une poêle. Ajoutez le mélange de pâte au poivron et faites cuire en tournant pendant 5 minutes. Incorporez le bouillon et le jus de citron, puis portez à ébullition. Mettez le poulet en le retournant bien pour l'enrober de sauce. Laissez mijoter 5 à 10 minutes en tournant souvent, ou jusqu'à ce qu'il soit cuit. Passez sur un plat chaud et servez aussitôt.

Pour 4 personnes

Curry de poulet aux lentilles

250 g de lentilles
  corail*
60 cl d'eau
sel
3 cuillères à soupe
  d'huile
2 oignons râpés
2 gousses d'ail
2 cm de gingembre*
1 cuillère à soupe de
  grains de
  coriandre moulus*
1 cuillère à café de
  cumin moulu*
1/2 cuillère à café
  de curcuma*
1/2 cuillère à café
  de girofle en
  poudre
1 cuillère à café de
  poivre de
  Cayenne*
750 g de cuisses de
  poulet

Lavez les lentilles, faites-les tremper 1 heure. Mettez-les dans une casserole, couvrez-les d'eau froide et faites-les bouillir doucement 1 heure. Salez à mi-cuisson. Égouttez-les et mettez-les de côté.

Faites revenir 5 minutes dans l'huile chaude d'une cocotte l'oignon, l'ail écrasé, et le gingembre râpé. Ajoutez les épices, du sel et laissez revenir doucement 10 minutes ; si cela devient trop sec, versez 2 cuillères à soupe d'eau. Ajoutez le poulet et faites-le dorer. Ajoutez les lentilles, couvrez et laissez mijoter 30 minutes.

Pour 4 personnes

Curry de poulet

Curry de poulet

2 gousses d'ail
5 cm de gingembre*
1 cuillère à café de
  curcuma*
2 cuillères à café de
  cumin moulu*
1 cuillère à café de
  Cayenne*
1 cuillère à café de
  poivre
3 cuillères à
  de corian
  hachée*
500 g de ya
1 kg de mo.
  poulet
4 cuillères à
  d'huile
2 oignons h......

Mélangez dans une jatte l'ail écrasé, le gingembre haché, le curcuma, le cumin, le poivre de Cayenne, le poivre, la coriandre, le yaourt, du sel. Ajoutez les morceaux de poulet et laissez-les mariner 4 heures, en les tournant de temps en temps.

Dans l'huile chaude d'une cocotte, faites dorer les oignons. Ajoutez le ... portez à ... laissez cuire

Délicieux !

Pour les enfants, ... un peu le ...... épice.

Curry de poulet à la coriandre

5 cm de gingembre*
40 g de feuilles de
  coriandre*
2 piments verts*
  hachés
4 gousses d'ail
2 oignons en
  quartiers
1 cuillère à soupe de
  farine
sel
1 cuillère à café de
  poivre de
  Cayenne*
8 cuisses de poulet,
  sans peau
3 cuillères à soupe
  d'huile
30 cl d'eau
50 g de crème de
  noix de coco*
jus de 1 citron
tranches de citron

Passez au mixeur le gingembre, la coriandre, les piments, l'ail, et les oignons pour obtenir une pâte homogène.

Mélangez ensemble dans une assiette la farine, 1 cuillère à café de sel, le Cayenne et passez les morceaux de poulet dans ce mélange. Faites chauffer l'huile dans une grande poêle et faites dorer le poulet. Retirez-le et mettez de côté.

Dans la poêle, faites revenir 5 minutes en tournant la pâte d'épices. Ajoutez l'eau, salez à votre goût et remettez le poulet. Couvrez et laissez mijoter 25 minutes.

Faites dissoudre dedans la crème de noix de coco, ajoutez le citron, couvrez et laissez frémir 10 minutes. Décorez de tranches de citron si vous voulez. Servez aussitôt.

Pour 4 personnes

Poulet tandoori

1/2-1 cuillère à café
de Cayenne*
1 cuillère à café de
poivre
1 cuillère à café de
sel
2 cuillères à soupe
de jus de citron
1 poulet (1,5 kg)
prêt à cuire, la
peau retirée
4 cuillères à soupe
de yaourt nature
3 gousses d'ail
5 cm de gingembre*
1 petit piment
rouge*
1 cuillère à soupe de
grains de
coriandre*
2 cuillères à café de
cumin*
50 g de beurre fondu

Mélangez le Cayenne, le poivre, le sel, le jus de citron. Faites des incisions sur le poulet et frottez-le avec le mélange. Laissez reposer 1 heure.

Passez au mixeur le yaourt, l'ail, le gingembre, le piment, la coriandre, le cumin. Étalez la pâte obtenue sur le poulet, couvrez et laissez une nuit au réfrigérateur. Laissez le poulet revenir à température ambiante avant de le faire cuire.

Mettez-le sur une grille posée sur un plat, versez dessus la moitié du beurre et faites cuire 1 heure dans un four à 200°. A mi-cuisson, versez le reste de beurre.

Pour 4 personnes

Note : si vous faites cuire le poulet à la broche, versez dessus tout le beurre au début de la cuisson.

CI-DESSUS : *poulet, tandoori*
A DROITE : *poulet épicé aux amandes*

Poulet épicé aux amandes

2 oignons
2 gousses d'ail
5 cm de gingembre*
1 cuillère à café de
graines de pavot
8 grains de poivre
300 g de yaourt
nature
1 cuillère à café de
garam massala*
sel
1 poulet (1,5 kg)
prêt à cuire
125 g de riz long
grain ayant
trempé 1 heure
dans de l'eau
froide
3 cuillères à soupe
de ghi*
1/2 cuillère à café
de poivre de
Cayenne*
50 g de raisins secs
50 g d'amandes
effilées
35 cl d'eau

Passez au mixeur les oignons, l'ail, le gingembre, le pavot, le poivre et la moitié du yaourt. Ajoutez à cette pâte le garam massala, salez.

Piquez le poulet avec une fourchette, frottez-le avec la pâte et laissez ainsi 1 heure. Égouttez le riz.

Faites chauffer 1 cuillère à soupe de ghi dans une cocotte, ajoutez le riz et tournez-le 3 minutes. Incorporez le poivre de Cayenne, les raisins secs, les amandes, salez. Versez la moitié de l'eau, couvrez et laissez mijoter 10 minutes ; le riz doit être presque tendre ; laissez refroidir.

Mettez le riz à l'intérieur du poulet et cousez les extrémités. Faites chauffer le reste de ghi dans une cocotte, ajoutez le poulet, la marinade et le reste d'eau. Portez à ébullition, couvrez et laissez cuire 1 heure, en retournant le poulet à mi-cuisson.

Incorporez peu à peu le reste de yaourt et laissez cuire encore 15 minutes.

Pour 4 personnes

CUISSON AU WOK

Le wok existe dans les cuisines chinoises depuis des siècles. La plupart des plats chinois les plus appréciés n'existeraient pas sans lui. Cependant, ce n'est que depuis peu que l'on en vend en Occident.

Évitez les woks en acier inoxydable ou en aluminium qui ont tendance à roussir les aliments. Le gaz est la meilleure source de chaleur pour un wok. Le wok électrique n'est pas très satisfaisant, car il n'atteint pas une température assez haute et a tendance à être trop peu profond. Le wok anti-adhésif est très apprécié par certains, tandis que d'autres trouvent que le goût des aliments est altéré. Le wok en fer, couramment utilisé en Asie du Sud-Est, se trouve facilement chez nous.

Le wok est surtout connu pour sa méthode de cuisson rapide : les aliments sont frits, à très haute température, tout en étant remués sans cesse.

Le wok, qui a de hauts bords, peut également servir aux fritures, braisages et cuissons à la vapeur.

Voici quelques conseils : faites toujours chauffer le wok avant d'ajouter l'huile. Remuez constamment lors de la cuisson, en un mouvement rapide qui ramène les aliments du fond du wok vers la surface. Les légumes doivent rester croquants pour conserver leurs principes nutritifs.

Seiche en friture

*500 g de seiche
nettoyée
1 cuillère à soupe
d'huile
2 morceaux de
gingembre*,
hachés fin
3 ciboules hachées
fin
1 boîte de crabe
(170 g)
70 g de concentré de
tomate
1 cuillère à café de
sucre
1 cuillère à soupe de
sauce soja légère*
4 cuillères à soupe
de bouillon de
poule
1 cuillère à soupe de
vin blanc sec
2 cuillères à café de
maïzena
ciboule hachée*

Coupez la seiche en petits morceaux de 2 cm.

Faites chauffer l'huile dans un wok ou une sauteuse. Ajoutez le gingembre, la ciboule, et faites revenir 1 minute tout en tournant. Incorporez la seiche et laissez cuire encore 2 minutes. Ajoutez les autres ingrédients, à l'exception de la maïzena, et mélangez bien. Puis faites revenir 2 minutes, tout en tournant.

Délayez la maïzena dans une cuillère à soupe d'eau pour obtenir une pâte légère. Versez dans la poêle et faites cuire tout en remuant, jusqu'à ce qu'elle épaississe.

Versez dans un plat de service chaud, parsemez de ciboule et servez immédiatement.

Pour 4 à 6 personnes

Crabe frit

*1 gros crabe, cuit
2 cuillère à soupe
d'huile
1 gousse d'ail
écrasée
2 morceaux de
gingembre* hachés
fin
4 ciboules hachées
1 poireau émincé
1 œuf battu
15 cl de bouillon
(poisson ou poule)
2 cuillères à soupe
de vin blanc sec
2 cuillères à café de
maïzena délayée
dans 1 cuillère à
soupe d'eau
2 cuillères à café
d'huile de
sésame*
quartiers de citron
pour garnir*

Détachez les pattes et les pinces du crabe. Épluchez-les. Cassez la carapace, retirez la chair, coupez-la en petits morceaux, après avoir ôté les parties noires et spongieuses.

Faites chauffer l'huile dans un wok ou une poêle. Ajoutez l'ail, le gingembre, la ciboule, et faites revenir 1 minute tout en tournant. Incorporez le crabe et faites revenir 5 autres minutes, en tournant toujours. Ajoutez le poireau. Salez.

Baissez le feu. Versez l'œuf en filet. Mouillez avec le bouillon et le vin blanc, et laissez cuire 1 minute. Ajoutez la maïzena, l'huile de sésame et laissez épaissir, tout en remuant.

Servez chaud, garni de quartiers de citron.

Pour 4 à 6 personnes
Note : on peut remplacer le crabe frais par deux boîtes de crabe.

Seiche en friture ; crabe frit

Nouilles thaïlandaises

1 kg de blanc de poulet désossé, coupé en tranches de 5 mm
4 cuillères à soupe de vin blanc sec
6 champignons parfumés*
350 g de nouilles de riz*
6 cuillères à soupe d'huile
25 g de basilic frais
8 gousses d'ail émincées
6 petits oignons émincés fin
4 piments rouges* épépinés, hachés fin
1 cuillère à café de blachan* ou pâte de crevettes
sel
175 g de crevettes décortiquées
3 cuillères à soupe de concentré de tomates
2 cuillères à soupe de sucre
1 cuillère à soupe de nam pla*
25 g de germes de soja*
POUR DÉCORER :
2 cuillères à soupe de cacahuètes grillées, concassées
1/2 cuillère à café de miettes de poivron rouge séché

Dans une jatte moyenne, mettez le poulet et le vin blanc ; mélangez bien, couvrez et laissez mariner 30 minutes. Faites tremper les champignons dans l'eau chaude 15 minutes, et les nouilles dans l'eau bouillante 15 minutes également. Pressez les champignons pour les égoutter, ôtez et jetez les pieds, puis coupez les chapeaux en fines lamelles. Égouttez les nouilles.

Dans une petite poêle, chauffez 2 cuillères à soupe d'huile, faites revenir en tournant la moitié du basilic jusqu'à ce qu'il soit croustillant. Égouttez et mettez de côté pour décorer.

Dans une petite poêle, chauffez sur feu modéré 3 cuillères à soupe d'huile, mettez l'ail et l'oignon et faites frire jusqu'à ce qu'ils croustillent. Retirez avec une écumoire et mettez de côté pour garnir. Transvasez l'huile dans une grande jatte à feu, mettez dedans les nouilles et mélangez pour bien les enrober.

Pilez dans un mortier les piments, le blachan et le sel. Faites chauffer le reste de l'huile dans un wok ou une grande poêle à feu très vif. Ajoutez le mélange de piments et faites frire 1 minute en tournant. Mettez le mélange de poulet et les champignons. Faites frire 3 minutes en tournant. Incorporez les crevettes ; quand elles sont chaudes, versez le concentré de tomates, le sucre et le nam pla. Incorporez les germes de soja et le reste de basilic. Faites frire 2 minutes en tournant. Ajoutez les nouilles en 3 fournées, en mélangeant doucement à chaque fois pour les enrober et les réchauffer.

Versez le tout dans un plat chaud. Décorez avec le basilic, l'ail et les oignons frits, les cacahuètes et les miettes de poivron. Servez aussitôt.
Pour 4 personnes

Nouilles thaïlandaises

Légumes à la chinoise

1 cuillère à soupe
  d'huile
4 ciboules hachées
250 g de mange-tout
250 g d'asperges en
  petits morceaux
125 g de châtaignes
1 cuillère à soupe de
  sauce soja*
1 ou 2 cuillères à
  soupe de vin blanc
  sec
1 pincée de sel
1/2 cuillère à café
  de sucre
1 cuillère à café
  d'huile de
  sésame*

Chauffez l'huile dans un wok, mettez les ciboules, faites frire 3 secondes en tournant. Ajoutez les mange-tout, les asperges et les châtaignes, mélangez bien et laissez cuire 1 minute. Incorporez le reste des ingrédients et continuez à faire frire en tournant pendant 3 minutes.

Disposez sur un plat chaud et servez aussitôt.
Pour 4 personnes

Champignons frits

50 g de petits
  champignons
  parfumés*
1 cuillère à soupe
  d'huile
1 cuillère à café de
  gingembre* haché
2 ciboules hachées
1 gousse d'ail
  écrasée
250 g de
  champignons de
  Paris
1 boîte (225 g) de
  champignons de
  mousse*, égouttés
1 cuillère à café de
  Cayenne*
2 cuillères à café de
  vin blanc sec ou
  de vin de riz
2 cuillères à café de
  sauce soja*
1 cuillère à soupe de
  bouillon de poule
1 pincée de sucre
1 pincée de sel
1 cuillère à café
  d'huile de
  sésame*
feuilles de
  coriandre*

Faites tremper les champignons parfumés 15 minutes dans l'eau chaude. Essorez bien en les pressant et ôtez les tiges. Chauffez l'huile dans un wok ou une poêle et faites revenir en tournant 5 secondes le gingembre, les ciboules et l'ail. Ajoutez les champignons parfumés et les champignons de Paris et faites cuire en tournant 5 minutes. Ajoutez le reste des ingrédients et tournez pour qu'ils soient bien couverts de sauce. Continuez à faire cuire en tournant 5 minutes.

Disposez sur un plat de service chaud, décorez avec les feuilles de coriandre et servez aussitôt.
Pour 4 à 6 personnes.

Légumes à la chinoise ; champignons frits

Vin de riz

Il est préparé à partir d'un mélange de riz gluant, de millet et d'eau de source. Sa saveur unique est attribuée à la levure spéciale utilisée. Le meilleur vin de riz est celui de la province de Tcho-Kiang à l'est de la Chine. Ce vin est stocké 40 ans dans des caves.

Si vous ne trouvez pas de vin de riz, remplacez-le par du vin blanc sec.

Dinde au céleri

4 champignons
    parfumés*
350 g de blancs de
    dinde désossés,
    sans peau, coupés
    en dés
sel
1 blanc d'œuf
1 cuillère à soupe de
    maïzena
4 cuillères à soupe
    d'huile
2 gousses d'ail
    émincées
2 tranches de
    gingembre* haché
2 poireaux émincés
1 petit pied de céleri
    émincé
1 poivron rouge
    évidé et émincé
3 cuillères à soupe
    de sauce soja*
2 cuillères à soupe
    de vin blanc sec
feuilles de céleri

Faites tremper les champignons 15 minutes dans l'eau chaude. Essorez en les pressant bien, jetez les tiges et émincez les chapeaux.

Salez les dés de dinde, plongez-les dans le blanc d'œuf et passez-les dans la maïzena. Chauffez l'huile dans un wok ou une poêle. Mettez-y la dinde et faites revenir 1 minute en tournant pour qu'elle soit dorée. Retirez avec une écumoire et posez sur un papier absorbant.

Augmentez le feu, ajoutez l'ail, le gingembre, les poireaux, le céleri et faites revenir 1 minute en tournant. Remettez la dinde dans le récipient, ajoutez le poivron et faites revenir 30 secondes en tournant. Incorporez la sauce soja, le vin blanc, et laissez encore 30 secondes. Mettez dans un plat chaud, décorez de feuilles de céleri et servez aussitôt.

Pour 4 personnes

Dinde au céleri ; dinde en papillotes

Les papillottes

La dinde en papillotte est une variante du traditionnel poulet en papillotte dont la viande, enveloppée de papier sulfurisé, est frite ou cuite à la vapeur. Chaque convive défait sa propre papillotte avec ses baguettes.

Dinde en papillotes

1 cuillère à soupe de
    sauce soja*
1 cuillère à soupe de
    vin blanc sec
1 cuillère à soupe
    d'huile de
    sésame*
500 g de blanc de
    dinde coupé en
    16 morceaux
4 ciboules coupées
    en quatre
2 morceaux de
    gingembre* de
    3 cm émincés
1/2 poivron rouge
    évidé, émincé
1 branche de céleri
    coupée en lanières
4 cuillères à soupe
    d'huile

Mélangez la sauce soja, le vin blanc et l'huile de sésame, ajoutez les morceaux de dinde et tournez-les bien. Laissez mariner 15 à 20 minutes.

Coupez 16 morceaux de papier aluminium, badigeonnez-les d'huile, posez un morceau de dinde au milieu de chacun et au-dessus un morceau de ciboule, de gingembre, de poivron et de céleri. Repliez soigneusement le papier et fermez bien.

Chauffez l'huile dans un wok ou une poêle, posez dedans les papillotes et faites revenir 2 minutes environ de chaque côté. Retirez-les et égouttez-les.

Remettez à feu très vif 1 minute, égouttez-les et servez aussitôt les papillotes.

Pour 4 personnes

Nouilles à l'indonésienne

3 cuillères à soupe
  d'huile
1 gousse d'ail
  écrasée
1 cm de gingembre*
  haché fin
175 g de blanc de
  poulet, coupé en
  dés
175 g de gambas
  crues, épluchées,
  grossièrement
  hachées
4 beaux choux
  chinois*, sans les
  côtes, coupés en
  lanières
2 carottes moyennes
  coupées en
  bâtonnets
1 belle branche de
  céleri émincée
250 g de nouilles
  chinoises fines aux
  œufs
sel et poivre
15 cl de bouillon de
  poule
2 cuillères à soupe
  de sauce soja*
1 oignon moyen,
  émincé, frit,
2 piments rouges*,
  émincés fin

Sur feu moyen, chauffez l'huile dans un wok ou une grande poêle. Ajoutez l'ail et le gingembre et faites revenir 30 secondes en tournant. Mettez le poulet et les crevettes, faites revenir en tournant 2 à 3 minutes, jusqu'à ce que le poulet soit opaque. Ajoutez les choux chinois, les carottes, le céleri, puis faites revenir 3 minutes en tournant. Incorporez les nouilles, salez, poivrez. Faites revenir en tournant pour bien enrober les nouilles. Versez le bouillon, la sauce soja et laissez cuire 1 minute. Pour servir, disposez sur un plat chaud et décorez avec l'oignon frit et les piments

Pour 4 personnes

Nasi goreng

4 oignons moyens
  hachés
2 belles gousses d'ail
  hachées
1 morceau de
  gingembre* de
  3 cm, haché
2 piments rouges*
  concassés
1 cuillère à café de
  blachan* ou pâte
  de crevettes
10 cl d'huile
3 œufs légèrement
  battus
100 g de gambas
  crues, décortiquées
225 g de poulet cuit,
  en dés
500 g de riz long,
  cuit, froid
2 cuillères à soupe
  de sauce soja*
2 cuillères à soupe
  de jus de citron
1 cuillère à café de
  cassonade
sel et poivre
50 g de jambon de
  Paris, en lanières
50 g de cacahuètes
  salées, concassées
2 tomates en
  tranches minces
1 petit oignon
  émincé

Passez au mixeur pour réduire en purée les oignons, l'ail, le gingembre, les piments et le blachan ; mettez de côté.

Chauffez 2 cuillères à soupe d'huile dans une poêle moyenne, ajoutez les œufs que vous faites cuire, sans tourner, comme une omelette. Quand elle est dorée, retirez-la, coupez-la en lanières et gardez de côté, au chaud.

Faites chauffer le reste d'huile dans un wok ou une grande poêle, à feu vif. Ajoutez le mélange d'oignons et laissez cuire 5 à 10 minutes en tournant jusqu'à ce qu'il soit brun doré. Mettez les gambas et faites revenir en tournant jusqu'à ce qu'elles soient roses. Incorporez le reste des ingrédients, sauf le jambon et les lanières d'omelette. Faites cuire en tournant sans arrêt jusqu'à ce que le mélange soit bien chaud, et le riz parfaitement enrobé.

Disposez dans un plat chaud et décorez avec le jambon et les lanières d'omelette. Servez aussitôt ; présentez à part les cacahuètes, les tomates et l'oignon émincé.

Pour 4 personnes

(Illustration, page 84)

Poulet aux cacahuètes

*125 g de cacahuètes
non salées*
*2 cuillères à soupe
d'huile*
1 piment rouge sec*
*350 g de blanc de
poulet, en dés*
*2 cuillères à soupe
de vin blanc sec*
*1 cuillère à soupe de
sauce soja**
1 pincée de sucre
*1 gousse d'ail
écrasée*
2 ciboules hachées
*1 morceau de
gingembre* de
3 cm, haché fin*
*1 cuillère à café de
vinaigre de vin*
*2 cuillères à café
d'huile de
sésame**
fleurs de piment*

Plongez les cacahuètes 2 minutes dans l'eau bouillante. Égouttez-les, retirez la peau et mettez-les sur du papier absorbant.

Faites chauffer l'huile dans un wok ou une poêle. Émiettez dedans le piment, ajoutez le poulet, les cacahuètes et faites revenir 1 minute en tournant ; retirez-les de la poêle. Versez le vin blanc, la sauce soja, le sucre, l'ail, les ciboules, le gingembre et le vinaigre dans la poêle. Portez à ébullition, puis laissez frémir 30 secondes. Remettez le poulet, le piment et les cacahuètes dans le récipient et faites cuire 2 minutes. Versez dessus l'huile de sésame.

Disposez sur un plat chaud, décorez de fleurs de piment et servez aussitôt.

Pour 4 personnes

Poulet aux noix de cajou

1 blanc d'œuf
*4 cuillères à soupe
de vin blanc sec*
*2 cuillères à café de
maïzena*
*350 g de blanc de
poulet, en dés*
*3 cuillères à soupe
d'huile*
4 ciboules hachées
*2 gousses d'ail,
émincées*
1 cm de gingembre
haché fin*
*1 cuillère à soupe de
sauce soja**
*125 g de noix de
cajou, non salées*

Mélangez le blanc d'œuf, la moitié du vin blanc et la maïzena, ajoutez le poulet et tournez bien.

Faites chauffer l'huile dans un wok ou dans une poêle, mettez les ciboules, l'ail, le gingembre et faites revenir 30 secondes en tournant. Ajoutez le poulet et faites cuire 2 minutes. Versez le reste de vin blanc, la sauce soja et tournez bien. Ajoutez les noix de cajou et faites cuire encore 30 secondes. Servez aussitôt.

Pour 4 personnes

Poulet à la chinoise

Le poulet aux noix de cajou originaire du Sud est typique du goût chinois pour les contrastes.

Le poulet aux cacahuètes est un classique de la Chine de l'Ouest plus connu sous le nom de poulet gongbao. Cette recette est la plus proche de l'original, malgré de très nombreuses versions. Ces deux recettes utilisent les deux meilleurs principes de la cuisine chinoise : faire revenir le poulet pour lui conserver son jus, puis le faire revenir avec les autres ingrédients pour le parfumer.

Poulet aux cacahuètes ; poulet aux noix de cajou

Poulet aux graines de sésame

1 blanc d'œuf
1/2 cuillère à café
de sel
2 cuillères à café de
maïzena
350 g de blanc de
poulet coupé en
lanières
2 cuillères à soupe
de graines de
*sésame**
2 cuillères à soupe
d'huile
1 cuillère à soupe de
*sauce soja**
1 cuillère à soupe de
vinaigre de vin
1/2 cuillère à café
de sauce de
haricots de soja
*au piment**
1/2 cuillère à café
d'huile de
*sésame**
1 cuillère à soupe de
vin blanc sec
1/2 cuillère à café
de poivre du
*Sichuan grillé**
4 ciboules hachées

Mélangez le blanc d'œuf, le sel et la maïzena, ajoutez le poulet et tournez bien.

Faites revenir les graines de sésame dans un wok ou une poêle jusqu'à ce qu'elles soient bien dorées. Retirez-les de la poêle et mettez de côté.

Chauffez l'huile dans la poêle, ajoutez le poulet et faites revenir 1 minute en tournant. Retirez-le avec une écumoire.

Ajoutez la sauce soja, le vinaigre, la sauce de haricots de soja, l'huile de sésame, le vin lanc, le poivre du Sichuan et portez à ébullition. Ajoutez le poulet, les ciboules et faites cuire 2 minutes. Parsemez de graines de sésame et servez aussitôt.
Pour 4 personnes

Poulet aux graines de sésame ; bœuf aux graines de sésame

Bœuf aux graines de sésame

2 cuillères à soupe
*de sauce soja**
1 cuillère à soupe de
cassonade
1 cuillère à café
d'huile de
*sésame**
1 cuillère à soupe de
vin blanc sec
350 g de rumsteak
émincé dans le
sens contraire des
fibres
2 cuillères à soupe
de graines de
*sésame**
2 cuillères à soupe
d'huile
1 gousse d'ail
émincée
2 branches de céleri ·
en morceaux
2 carottes en
tranches
50 g de champignons
de Paris émincés

Mélangez la sauce soja, la cassonade, l'huile de sésame et le vin blanc. Ajoutez la viande et laissez mariner 15 minutes.

Faites revenir les graines de sésame dans un wok ou une poêle jusqu'à ce qu'elles soient bien dorées. Retirez-les de la poêle et mettez de côté.

Chauffez l'huile dans la poêle, ajoutez l'ail, le céleri, les carottes et faites revenir 1 minute en tournant ; retirez de la poêle. Augmentez le feu, ajoutez le bœuf et faites revenir 3 minutes en tournant, jusqu'à ce qu'il soit bien doré. Remettez les légumes dans la poêle, ajoutez les champignons et faites cuire encore 30 secondes.

Disposez dans un plat chaud, parsemez de graines de sésame et servez aussitôt.
Pour 4 personnes

Le sésame

On rencontre très souvent les graines de sésame dans la cuisine chinoise. Elles ont un petit goût de noisette qui met en valeur les plats sucrés comme les plats salés. L'huile de sésame ou la pâte de sésame sont souvent incorporées ou saupoudrées juste avant le service.

Les graines peuvent être utilisées crues ou grillées. Pour les griller, faites-les revenir dans le wok jusqu'à ce qu'elles soient dorées.

Foie frit du Sichuan

500 g de foie
  d'agneau en
  tranches
sel et poivre
2 cuillères à soupe
  de vin blanc sec
2 cuillères à soupe
  d'huile
50 g de pousses de
  bambou*,
  émincées
3 ciboules hachées
1 gousse d'ail
  écrasée
1/4 de chou-fleur
2 carottes
2 cuillères à soupe
  de légumes du
  Sichuan au
  vinaigre*
2 cuillères à soupe
  de sauce soja*

Salez et poivrez le foie à votre goût.
Mouillez avec le vin blanc et laissez
marinez 15 minutes.
   Faites chauffer l'huile dans une
sauteuse. Ajoutez les pousses de
bambou, la ciboule, l'ail, et faites
revenir 1 minute tout en tournant.
   Séparez le chou-fleur en bouquets.
Coupez les carottes en diagonale.
Mettez-les dans la sauteuse et faites
cuire 2 minutes en remuant. Ajoutez
le foie, le vin blanc, et faites frire
rapidement jusqu'à ce qu'il soit
complètement brun. Incorporez les
légumes au vinaigre, la sauce soja, et
portez à ébullition.
Pour 4 à 6 personnes

Bœuf à la sauce d'huîtres

4 carottes
2 branches de céleri
2 cuillères à soupe
  d'huile
4 ciboules hachées
2 gousses d'ail
  émincées
350 g de rumsteck
  ou d'aiguillette
sel
130 g de germes de
  soja*
1 cuillère à soupe de
  sauce soja*
2 cuillères à soupe
  de vin blanc sec
3 cuillères à soupe
  de sauce
  d'huîtres*
POUR DÉCORER :
fleur de carotte*
feuilles de céleri

Coupez les carottes et les branches
de céleri en diagonale. Faites
chauffer l'huile dans une poêle.
Ajoutez la ciboule, l'ail et faites
revenir à feu vif 30 secondes environ.
Ajoutez les carottes et le céleri, et
faites revenir 1 minute tout en
tournant.
   Coupez la viande en tranches
fines ; saupoudrez de sel. Mettez-les
dans la poêle et faites revenir jusqu'à
ce qu'elles soient brunes de chaque
côté. Incorporez les germes de soja,
la sauce soja, le vin blanc, la sauce
d'huître, et laissez cuire 2 minutes.
   Versez le mélange sur un plat de
service chaud et décorez avec une
fleur de carotte et des feuilles de
céleri.
Pour 4 à 6 personnes

Porc aux haricots mange-tout

350 g de porc
  maigre, cou
  traches fine.
2 cuillères à s
  de sauce so
2 cuillères à s
  de vin blanc
4 champignon
  parfumés*
1 cuillère à s
  d'huile
250 g de haic
  mange-tou

Peu de jour !

jatte avec la
. Mélangez
5 minutes.
mpignons
aude.
extraire
pez les têtes

dans une
et la
2 minutes
les
ire 1 autre
cots et faites
.

Bœuf à la sauce d'huîtres

Bœuf pimenté

500 g de rumsteak
    émincé dans le
    sens contraire des
    fibres
sel
2 cuillères à soupe
    d'huile
2 piments rouges
    secs*
2 gousses d'ail
    émincées
1 morceau de
    gingembre*
    d'1 cm, en
    lanières
4 ciboules, en
    lanières
4 cuillères à soupe
    de sauce soja*
2 cuillères à soupe
    de vin blanc sec
2 poivrons verts*,
    épépinés et hachés

Salez bien les tranches de bœuf.
    Chauffez l'huile dans un wok ou
une sauteuse, ajoutez les piments
secs et faites revenir 1 minute.
Retirez de la poêle. Augmentez le
feu, ajoutez la viande et faites
revenir 1 minute en tournant, jusqu'à
ce qu'elle soit dorée. Ajoutez l'ail, le
gingembre, les ciboules, et faites
cuire 30 secondes. Versez dessus la
sauce soja et le vin blanc, ajoutez les
poivrons et faites cuire encore
1 minute.
    Disposez sur un plat chaud et
servez aussitôt.
Pour 4 personnes

Travers de porc à l'aigre-douce

1 kg de travers de
    porc, en morceaux
2 cuillères à soupe
    d'huile
2 piments rouges
    secs*
1 cm de gingembre*
    haché
1 gousse d'ail
    émincée
feuilles de ciboules
SAUCE :
4 cuillères à soupe
    de chaque : miel
    liquide et vinaigre
    de vin
2 cuillères à soupe
    de sauce soja*
2 cuillères à soupe
    de vin blanc sec
1 boîte (150 g) de
    purée de tomate
1 cuillère à café de
    Cayenne*
2 gousses d'ail
    écrasées

Mélangez tous les ingrédients de la
sauce et mettez de côté. Saupoudrez
la viande de sel.
    Faites chauffer l'huile dans un
wok ou dans une sauteuse, faites
revenir rapidement les piments
entiers et retirez-les. Ajoutez le
gingembre, l'ail et faites revenir
30 secondes en tournant. Ajoutez le
porc et laissez dorer pendant
5 minutes. Diminuez le feu et laissez
cuire 10 minutes.
    Ajoutez la sauce dans la poêle,
couvrez et laissez mijoter doucement
25 à 30 minutes, en tournant de
temps en temps. Disposez sur un plat
chaud et décorez de ciboule.
Pour 4 à 6 personnes

(Légende, page 97)

Fleurs de rognons frits

20 g de champignons
noirs* (facultatif)
500 g de rognons de
porc
4 cuillères à soupe
d'huile
80 g de pousses de
bambou* émincées
80 g de châtaignes
d'eau*, émincées
2 branches de céleri,
coupées en
diagonale
4 ciboules émincées
2 gousses d'ail
émincées
1 morceau de
gingembre* haché
130 g d'épinards
cuits
3 cuillères à soupe
de sauce soja*
1 cuillère à soupe de
vinaigre

Faites tremper les champignons noirs
10 minutes dans l'eau chaude ;
égouttez-les.

Otez la fine pellicule blanche qui
entoure les rognons et le gras.
Coupez chacun en deux dans le sens
de la longueur. Retirez le centre.
Incisez la surface en croix, puis
coupez-les en 2.

Faites chauffer l'huile dans une
sauteuse. Ajoutez les rognons et
faites frire 1 minute en remuant
constamment : les rognons doivent se
recroqueviller pour former de petites
fleurs. Retirez-les de la poêle et
gardez au chaud. Ajoutez alors les
champignons, les pousses de bambou,
les châtaignes, le céleri, la ciboule,
l'ail le gingembre, et faites revenir
2 minutes.

Remettez les rognons dans la
sauteuse avec les épinards.
Incorporez la sauce soja, le vinaigre,
et laissez cuire 1 à 2 minutes.

Pour 4 à 6 personnes

Entretien du wok

Certains woks sont électriques et anti-adhésifs. Mais avant
d'utiliser un wok traditionnel, vous devez le préparer : faites-le chauffer à feu vif, puis badigeonnez-le légèrement
d'huile et essuyez-le. Répétez cette opération deux ou trois
fois jusqu'à ce qu'il n'y ait plus d'impuretés. Pour garder
votre wok propre après utilisation, remplissez-le d'eau chaude
et laissez tremper jusqu'à ce que toutes les particules se déta-
chent. Ne le nettoyez jamais avec des produits détergents ou
abrasifs. Essuyez-le bien pour éviter la rouille.

Bœuf du Sichuan

500 g de rumstek
2 cuillères à soupe
de maïzena
sel
3 cuillères à soupe
d'huile
4 ciboules hachées
2 branches de céleri
4 carottes
2 cuillères à soupe
de sauce soja*
1 cuillère à soupe de
sauce hoisin*
3 cuillères à café de
sauce chili
2 cuillères à soupe
de vin blanc sec
POUR DÉCORER :
fleurs de carotte*
feuilles de céleri

Coupez la viande en tranches fines
de 5 cm de longueur. Passez-les dans
la maïzena et salez à votre goût.

Faites chauffez l'huile dans une
sauteuse. Ajoutez la ciboule et faites
revenir 1 minute. Ajoutez les
tranches de viande et faites revenir
4 minutes, tout en tournant : la
viande doit brunir. Ajoutez le céleri,
les carottes et laissez cuire encore
2 minutes. Incorporez les sauces soja,
hoisin et chili, le vin blanc, portez à
ébullition et laissez cuire 1 minute.

Disposez sur un plat de service
chaud et décorez avec des fleurs de
carotte et des feuilles de céleri.
Servez immédiatement.

Pour 4 à 6 personnes

A GAUCHE : *bœuf pimenté ; travers de porc à l'aigre-douce*
A DROITE : *bœuf du Sichuan*

Bœuf à l'orange

2 cuillères à café
    d'huile de
    sésame*
2 cuillères à soupe
    de sauce soja*
1 cuillère à soupe de
    vin blanc sec
1 cm de gingembre*
    haché
2 cuillères à café de
    maïzena
350 g de rumsteak,
    en tranches
4 cuillères à soupe
    d'huile
2 piments rouges
    secs,* émiettés
1 écorce d'orange en
    lanières
1 pincée de sel
1/2 cuillère à café
    de poivre du
    Sichuan* grillé,
    moulu fin
1 cuillère à café de
    cassonade
POUR DÉCORER :
tranches d'orange
branches de persil

Mélangez la moitié de l'huile de sésame et la sauce soja, le vin blanc, le gingembre, la maïzena, ajoutez la viande et remuez bien pour napper. Laissez mariner 15 minutes ; égouttez bien.

Chauffez l'huile dans un wok ou une sauteuse et faites dorer la viande 2 minutes de chaque côté ; faites égoutter sur du papier absorbant. Retirez tout de la poêle, sauf la valeur d'une cuillère à soupe d'huile. Faites chauffer la poêle, faites revenir les piments 30 secondes en tournant. Remettez la viande dans la poêle, ajoutez l'écorce d'orange, le sel, le poivre du Sichuan, la cassonade et le reste de sauce soja. Faites revenir 4 minutes en tournant, arrosez avec le reste d'huile de sésame, décorez de tranches d'orange et de branches de persil, et servez aussitôt.

Pour 4 personnes

Agneau à l'ail

2 cuillères à soupe
    de vin blanc sec
3 cuillères à soupe
    de sauce soja*
1 cuillère à café
    d'huile de
    sésame*
350 g d'agneau
    émincé dans le
    sens contraire des
    fibres
2 cuillères à soupe
    d'huile
6 gousses d'ail
    émincées
1 morceau de
    gingembre* de
    1 cm haché fin
1 poireau émincé
4 ciboules hachées
fleurs de ciboule*

Mélangez le vin blanc, la sauce soja, l'huile de sésame, l'agneau et remuez bien pour napper. Faites marinez 15 minutes, puis égouttez et mettez de côté la marinade.

Faites chauffer l'huile dans un wok ou une sauteuse, ajoutez la viande, 2 cuillères à café de marinade et faites dorer 2 minutes à feu vif. Ajoutez l'ail, le gingembre, le poireau et les ciboules, et faites revenir 3 minutes.

Disposez sur un plat chaud, décorez de fleurs de ciboule et servez aussitôt.

Pour 4 personnes

A GAUCHE : *bœuf à l'orange ; agneau à l'ail*
A DROITE : *agneau aux vermicelles*

Agneau aux vermicelles

130 g de vermicelle*
500 g de viande
    d'agneau très
    maigre
1 cuillère à soupe
    d'huile
3 ciboules
1 morceau de
    gingembre*
2 gousses d'ail
    émincées
2 branches de céleri
    hachées
1 poivron rouge,
    évidé, épépiné et
    émincé
2 cuillères à soupe
    de sauce soja
    légère*
2 cuillères à soupe
    de vin blanc sec
15 cl de bouillon
2 cuillères à café
    d'huile de
    sésame*
POUR DÉCORER :
fleurs de piment
    vert*
fleurs de ciboule*

Faites tremper les vermicelles
10 minutes dans l'eau chaude ;
égouttez. Coupez l'agneau en
tranches fines. Hachez finement la
ciboule et lc gingembre.
    Faites chauffer l'huile dans une
poêle. Ajoutez la ciboule, le
gingembre, l'ail, et faites revenir
1 minute tout en tournant. Ajoutez
le céleri, l'agneau et faites cuire
2 autres minutes. Ajoutez le poivron,
la sauce soja, le vin blanc, et portez
à ébullition. Incorporez le bouillon,
les vermicelles, et laissez frémir
5 minutes. Assaisonnez avec l'huile
de sésame.
    Transférez sur un plat de service
chaud et décorez de fleurs de piment
et de ciboule. Servez
Immédiatement.
Pour 4 à 6 personnes

Tofu aux champignons

2 cuillères à soupe
    d'huile
130 g de porc en dès
4 ciboules hachées
2 gousses d'ail
    émincées
1 poivron vert, coupé
    en dés
1 petit chou-fleur en
    bouquets
130 g de
    champignons de
    Paris
1 cuillère à soupe de
    vin blanc sec
3 cuillères à soupe
    de sauce de
    haricots de soja
    jaune*
4 pâtés de soja* en
    dés

Faites chauffer l'huile dans une
sauteuse. Ajoutez le porc, la ciboule,
l'ail, et faites revenir 2 minutes tout
en tournant. Ajoutez le poivron, le
chou-fleur, les champignons, et faites
cuire 1 minute. Incorporez le vin
blanc, la sauce de haricots et laissez
cuire encore 1 minute. Incorporez les
dès de pâtés de soja et faites cuire 1
dernière minute.
    Versez dans un plat de service
chaud et servez immédiatement.
Pour 4 à 6 personnes

Piments

Ils sont très utilisés en Chine de l'Ouest. Les rouges frais
sont plus doux que les verts. Les rouges secs sont utilisés
pour assaisonner l'huile destinée à la cuisson. Retirez les
graines pour que le plat soit moins fort.
    Utilisez les piments frais avec précaution : ne touchez ja-
mais votre visage ou vos yeux quand vous les préparez et
lavez-vous les mains aussitôt après.
    La pâte de piment est composée de piments, de soja, de
sel, de sucre et de farine. Vous pouvez la remplacer par du
piment en poudre.

Canard aux fruits de la passion

1 cuillère à soupe
d'huile
1 oignon émincé fin
1 gousse d'ail
écrasée
2 magrets de canard
sans peau, en
tranches fines
1 fruit de la passion
coupé en deux
jus de 1 orange
2 cuillères à café de
sucre
1 cuillère à soupe de
sauce soja*
2 cuillères à café de
maïzena
poivre
tranches d'orange

Faites chauffer l'huile dans un wok, ajoutez les oignons et faites cuire 2 minutes en tournant. Ajoutez l'ail, puis laissez-le sur le côté du wok. Penchez celui-ci pour que le jus couvre le fond.

Augmentez le feu, mettez les tranches de canard dans le wok et faites-les revenir 3 minutes en tournant, jusqu'à ce qu'elles ne soient plus roses. Diminuez le feu, ajoutez le fruit de la passion, le jus d'orange, le sucre, la sauce soja, la maïzena diluée dans 5 cuillères à soupe d'eau et le poivre. Tournez pour faire épaissir.

Décorez chaque part de tranches d'orange.
Pour 4 personnes

Dinde aux noix ; dinde à l'aigre-douce

Dinde aux noix

1 cuillère à soupe
d'huile
1 oignon haché
1 gousse d'ail
écrasée
blancs de dinde en
lamelles
zeste et jus de
1 orange
25 g de noix
concassées
1 cuillère à soupe de
sauce soja*
2 cuillères à café de
maïzena
1 cuillère à café de
cassonade
1 cuillère à soupe de
persil haché
poivre
écorce d'orange en
lanières

Faites chauffer l'huile dans un wok, ajoutez l'oignon et faites revenir 2 minutes en tournant. Mettez l'ail et laissez le mélange à l'écart sur un côté de la poêle. Ajoutez les lamelles de dinde et faites revenir 2 minutes en tournant. Retirez avec une écumoire et posez sur le plat de service que vous gardez au chaud.

Ajoutez le zeste et le jus d'orange les noix, la sauce soja, la maïzena délayée dans 4 cuillères à soupe d'eau, la cassonade et le persil. Portez à ébullition en tournant, et laissez mijoter pour épaissir. Poivrez. Décorez avec l'écorce d'orange.
Pour 4 personnes

Dinde à l'aigre-douce

1 cuillère à soupe
d'huile
1 oignon haché
2 blancs de dinde
coupés en cubes
1/2 poivron rouge ou
jaune, émincé
3 champignons
émincés
SAUCE :
1 1/2 cuillère à
soupe de sauce
soja*
1 cuillère à soupe de
tomates
2 cuillères à café de
maïzena
30 cl d'eau
3 cuillères à soupe
de jus d'ananas
non sucré
2 cuillères à soupe
de vinaigre de vin
1 cuillère à café de
sucre

Faites d'abord la sauce. Passez au mixeur tous les ingrédients. Versez le mélange dans une petite casserole, portez à ébullition, laissez frémir en tournant pour qu'il épaississe. Mettez au chaud.

Chauffez l'huile dans un wok, ajoutez l'oignon et faites revenir 2 minutes en tournant. Laissez le mélange à l'écart sur un côté de la poêle dans laquelle vous mettez les cubes de dinde. Faites dorer légèrement 2 ou 3 minutes en tournant. Ajoutez le poivron et les champignons et laissez cuire encore quelques minutes.

Disposez sur un plat chaud, versez dessus la sauce et décorez de tiges de ciboule.
Pour 4 personnes

Pousses de bambou sautées

2 cuillères à soupe
    de crevettes
    séchées*
2 cuillères à soupe
    d'huile
1 boîte de pousses
    de bambou
    (500 g)* égouttées
1 morceau de
    gingembre* haché
50 g de légumes au
    vinaigre du
    Sichuan hachés*
2 cuillères à café de
    sucre semoule
sel
15 cl de bouillon de
    poule
2 poivrons rouges,
    émincés
1 cuillère à soupe
    d'huile de
    sésame*

Faites tremper les crevettes
15 minutes dans l'eau chaude ;
égouttez-les.
   Faites chauffer l'huile dans une
sauteuse. Ajoutez les pousses de
bambou et faites revenir 2 minutes
tout en tournant. Elles doivent dorer
sur les côtés. Retirez-les de la
sauteuse et faites-les égoutter sur du
papier absorbant.
   Mettez dans la sauteuse le
gingembre, les crevettes, les légumes
au vinaigre. Faites cuire 1 minute.
Incorporez le sucre, le sel, le
bouillon, et portez à ébullition.
Remettez les pousses de bambou
dans la sauteuse. Ajoutez les
poivrons rouges, en mélangeant bien ;
laissez cuire encore 2 minutes.
   Transférez sur un plat de service
chaud. Assaisonnez avec l'huile de
sésame et servez immédiatement.
Pour 4 à 6 personnes

Pousses de bambou sautées ; tofu sauté ; chou aux champignons

Tofu sauté

4 pâtés de soja*
4 cuillères à soupe
    d'huile
1 gousse d'ail
    émincée
2 petits poireaux
    fendus
2 branches de céleri
    fendues
130 g de
    champignons de
    Paris, coupés en
    lamelles
130 g de porc
    maigre, coupé en
    lanières
1-2 piments secs,*
    pilés
1 cuillère à café de
    pâte de piment
1 cuillère à soupe de
    vin blanc sec

Coupez chaque pâté de soja en
3 tranches fines, puis chaque tranche
en 2 triangles.
   Faites chauffer la moitié de l'huile
dans une sauteuse. Ajoutez l'ail, les
poireaux, le céleri, et faites frire à
feu vif 1 minute. Incorporez les
champignons, le porc, et faites cuire
2 minutes. Retirez de la sauteuse et
gardez au chaud.
   Faites chauffer le reste de l'huile
dans la sauteuse. Ajoutez les pâtés
de soja et faites frire 2 minutes.
Égouttez-les.
   Remettez le tout dans la sauteuse.
Incorporez les piments pilés, la pâte
de piment, le vin blanc, et laissez
cuire 1 minute.
   Transférez sur un plat de service
chaud. Retirez les piments et servez
immédiatement.
Pour 4 à 6 personnes

Chou aux champignons

8 champignons
    parfumés*
500 g de feuilles de
    chou chinois*
1 cuillère à soupe
    d'huile
1 cm de gingembre*,
    émincé
1 gousse d'ail
    émincée
1 piment* émincé
1 poivron émincé
1 cuillère à soupe de
    vinaigre de vin
1 cuillère à soupe de
    sauce soja légère*
1 cuillère à soupe
    d'huile de
    sésame*

Faites tremper les champignons
15 minutes dans l'eau chaude.
Pressez-les bien pour en extraire
l'eau ; équeutez-les. Coupez les
feuilles de chou en morceaux.
   Faites chauffer l'huile dans une
sauteuse. Ajoutez le gingembre, l'ail,
les piments, et faites revenir
1 minute tout en tournant.
Incorporez le poivron, les têtes de
champignons, le chou, et faites cuire
1 minute. Mouillez avec le vinaigre
et la sauce soja. Mélangez bien.
   Empilez sur un plat de service
chaud. Assaisonnez avec l'huile de
sésame. Servez immédiatement.
Pour 4 à 6 personnes

PLATS VÉGÉTARIENS

L'un des attraits de la cuisine d'Extrême-Orient est la variété des légumes et des assaisonnements qui sont combinés de façon ingénieuse pour en faire ressortir tous les arômes.

Servir des légumes simplement bouillis avec un peu de beurre et de sel n'a rien à voir avec les méthodes de ce chapitre. En Orient, les légumes deviennent des plats à part entière, en curry, en dhals (à base de lentilles), braisés ou revenus rapidement. Ainsi, pour vous tenter, il y a des champignons en sauce d'huîtres, qui sont un mélange de champignons séchés chinois, frits rapidement dans une sauce odorante. L'ingénieuse combinaison des diverses textures fait des plus simples des ingrédients un plat de gourmet.

L'alimentation végétarienne sous diverses formes, généralement pour des raisons religieuses, influence beaucoup la cuisine orientale. Les hindous ne consomment pas de bœuf ; certains d'entre eux sont complètement végétariens. La plupart des musulmans ne mangent pas de porc. Les boudhistes et les taoïstes strictement végétariens ne mangent ni viande, ni volaille, ni poisson, ni aucun de leurs sous-produits.

Même si vous n'êtes pas végétarien, essayez les plats de ce chapitre.

Chou à la noix de coco

*2 cuillères à soupe
  d'huile*
1 gros oignon émincé
*2 cm de gingembre *,
  haché fin*
*3 piments verts *
  émincés*
*1 gousse d'ail
  écrasée*
*500 g de chou vert
  en lanières*
*25 g de noix de
  coco * fraîche
  râpée*
*125 g de crevettes
  décortiquées*

Faites chauffer l'huile dans une
sauteuse, ajoutez l'oignon, le
gingembre, les piments, l'ail ; faites-
les dorer. Mettez ensuite le chou et
faites-le revenir 5 minutes. Ajoutez
la noix de coco, et faites cuire
2 minutes en tournant. Ajoutez les
crevettes et laissez frémir 2 minutes.
    Disposez sur un plat chaud.
Pour 4 personnes

Chou à la noix de coco ; courgettes aux pommes de terre

Courgettes aux pommes de terre

*3 cuillères à soupe
  d'huile*
*1 gousse d'ail
  écrasée*
*1/2 cuillère à café
  de Cayenne **
*2 cuillères à café de
  coriandre * moulue*
*1 cuillère à café de
  cumin * moulu*
*500 g de courgettes
  en rondelles*
*250 g de pommes de
  terre nouvelles
  coupées en deux*
poivron rouge émincé

Faites chauffer l'huile dans une
poêle, et faites revenir l'ail
30 secondes. Ajoutez les épices, le
sel, 2 cuillères à soupe d'eau, tournez
bien et faites revenir 2 minutes.
Ajoutez les légumes, mélangez bien,
couvrez la poêle et laissez cuire
20 minutes en tournant de temps en
temps.
    Décorez avec le poivron rouge et
servez.
Pour 4 personnes

Lentilles au yaourt

250 g de lentilles
    jaunes ou de
    mung dhal *,
    lavées et égouttées
1 cuillère à café de
    curcuma *
1 cuillère à café de
    sel
1,5 l d'eau (environ)
2 cuillères à soupe
    d'huile
2 piments rouges *
    secs
2 cuillères à soupe
    de graines de
    cumin *
350 g de yaourt
    nature

Mettez les lentilles, le curcuma et le sel dans une grande casserole et versez l'eau dessus. Faites frémir 1 heure, dans la casserole à demi couverte. Si les lentilles se dessèchent, ajoutez un peu d'eau : 15 cl à la fois ; à la fin, elles doivent avoir une consistance légèrement épaisse. Faites chauffer l'huile dans une casserole, ajoutez les piments, le cumin et faites revenir 1 minute. Versez doucement le yaourt et quand il forme des bulles ajoutez les lentilles. Laissez frémir 2 minutes en tournant.

Disposez sur un plat chaud.

Note : en début de cuisson, les lentilles ont tendance à déborder. Faites très attention aux projections d'huile quand vous versez le yaourt.

Pour 4 personnes

Curry de lentilles

40 g de beurre
3 oignons hachés
2 gousses d'ail
    hachées
1 cuillère à soupe de
    gingembre * râpé
2 à 4 piments verts *
    hachés
1 cuillère à café de
    curcuma *
250 g de lentilles
    jaunes ou mung
    dhal *, lavées et
    égouttées
1,5 l d'eau
sel
50 g de crème de
    noix de coco *
jus de 1 citron
1 piment vert en
    rondelles fines

Mettez le beurre dans une grande casserole, ajoutez les oignons, l'ail, le gingembre, les piments et faites revenir en tournant jusqu'à consistance moelleuse.

Ajoutez le curcuma et les lentilles. Faites revenir 1 minute en tournant. Incorporez l'eau, salez et portez à ébullition, puis laissez frémir doucement 40 minutes en couvrant à moitié.

Ajoutez la noix de coco, mélangez bien, puis ajoutez le jus de citron. Goûtez le curry, ajoutez du sel si c'est nécessaire, couvrez et laissez mijoter 10 minutes.

Disposez sur un plat chaud, et décorez de rondelles de piment avant de servir.

Pour 4 personnes

Lentilles au yaourt ; curry de lentilles

Lentilles aux épinards

250 g de lentilles
jaunes, lavées et
égouttées
60 cl d'eau
3 oignons, 1 émincé
et 2 hachés
1 cuillère à café de
Cayenne *
1/2 cuillère à café
de curcuma *
sel
3 cuillères à soupe
d'huile
1 gousse d'ail
2 piments verts *
hachés
2 cuillères à café de
gingembre * râpé
1 cuillère à café de
fenouil *
1 kg d'épinards hachés

Mettez les lentilles, l'eau, l'oignon émincé, le poivre de Cayenne, le curcuma et une cuillère à café de sel dans une casserole ; portez à ébullition, puis couvrez à moitié et laissez frémir 1 heure.

Dans une autre casserole, faites chauffer l'huile, ajoutez les oignons hachés, l'ail, et faites dorer. Ajoutez les piments, le gingembre, les graines de fenouil et faites revenir une minute. Ajoutez les épinards et faites cuire 10 minutes en tournant. Ajoutez les lentilles et laissez cuire encore 5 à 10 minutes. Ajoutez du sel, si c'est nécessaire.

Disposez sur un plat chaud.

Pour 4 personnes

Sambar au céleri

250 g de pois cajan,
lavés et égouttés
1 cuillère à café de
sel
1 cuillère à café de
curcuma *
1,2 l d'eau
1/2 pied de céleri en
morceaux
50 g de tamarin *
15 cl d'eau chaude
2 cuillères à soupe
de noix de coco
déshydratée
3 cuillères à soupe
d'eau bouillante
1/2 à 1 cuillère à
café de piments
rouges *
1 cuillère à café de
cumin * moulu
2 cuillères à café de
coriandre *
moulue
25 g de beurre
1 pincée d'asa-
foetida *
1 cuillère à café de
graines de
moutarde *

Mettez les pois, le sel, le curcuma, l'eau, le céleri dans une casserole et portez à ébullition. Faites bouillir à feu vif 10 minutes, puis couvrez à moitié et laissez frémir 1 heure.

Faites tremper le tamarin 30 minutes dans l'eau chaude, faites égoutter en le pressant pour éliminer toute l'eau. Jetez le tamarin. Passez la noix de coco et l'eau bouillante 20 secondes au mixeur. Ajoutez les piments, le cumin, la coriandre et battez pour obtenir une pâte lisse. Mélangez aux pois et à l'eau de tamarin, et laissez frémir 15 minutes.

Faites chauffer le beurre dans une petite poêle, ajoutez l'asa-foetida et les graines de moutarde. Quand les graines commencent à éclater, versez le contenu de la poêle dans le mélange de pois. Servez chaud.

Pour 4 personnes

Lentilles aux épinards ; sambar au céleri

Lentilles à l'indienne

Vous pouvez rendre un plat de lentilles aux épinards plus consistant en lui ajoutant 250 g de pommes de terre coupées en cubes avant les épinards. Accompagnez de condiments, de salades et de chutneys.

Le sambar au céleri est typique de l'Inde du Sud, il est généralement accompagné de petites galettes épaisses appelées *idli*, faites de riz moulu et de lentilles. Leur préparation est difficile pour un débutant. Servez donc plutôt du riz nature.

En Inde, il y a des lentilles à chaque repas. Elles apportent aux végétariens leur dose de protéines et sont particulièrement nourrissantes, accompagnées de riz ou de blé.

Curry sri-lankais

2 oignons émincés
2 gousses d'ail
  hachées fin
1 cuillère à soupe de
  gingembre * râpé
4 piments verts * : 2
  émincés fin, 2
  fendus
1 cuillère à café de
  citronnelle * en
  poudre ou de zeste
  de citron râpé
1 cuillère à café de
  curcuma *
sel
6 feuilles de curry *
60 cl de lait de
  coco * léger
250 g de chaque :
  courgettes,
  pommes de terre,
  poivrons, carottes,
  émincés
30 cl de lait de
  coco * épais

Mettez les oignons, l'ail, le gingembre, les piments hachés, la citronnelle ou le zeste de citron, le curcuma, le sel, les feuilles de curry et le lait de coco léger dans une casserole. Portez à ébullition et laissez cuire doucement, sans couvrir, pendant 20 minutes.

Ajoutez les légumes, les piments fendus, le lait de coco épais, et faites cuire encore 20 minutes.

Disposez sur un plat chaud.
Pour 4 personnes

Curry sri-lankais ; patates aux gombos

Currys végétariens

Comme une grande partie de la population du sous-continent indien est végétarienne, il n'est pas surprenant d'y trouver pléthore de plats sans viande ; et les légumes secs tiennent une grande place dans ce régime.

Pour un menu végétarien, prévoyez pour commencer un plat principal à base de haricots, de lentilles, de noix ou d'œufs pour leur haute teneur en protéines. S'il s'agit d'un curry « sec » (c'est-à-dire avec peu ou pas de sauce), accompagnez-le d'un plat de légumes « humides » (avec de la sauce) et vice versa. Choisissez aussi vos plats en fonction du contraste des couleurs et des textures. Les accompagnements des currys sont le riz pilaf, les chapati, les raïtas et les pickles. Voici quelques suggestions pour varier les accompagnements : amandes effilées grillées, petits piments hachés, œufs durs émincés, rondelles d'oignons frites, coriandre fraîche ou persil hachés, noix de coco fraîche râpée ou noix de coco déshydratée.

Patates aux gombos

250 g de patates
  douces, en cubes
250 g de courgettes
  en tranches
250 g de gombos,
  extrémités coupées
2 bananes vertes, en
  rondelles
250 g de céleri
  émincé
1 cuillère à café de
  Cayenne *
1 cuillère à café de
  curcuma *
sel
3 cuillères à soupe
  de noix de coco
  déshydratée
3 cuillères à soupe
  d'eau chaude
300 g de yaourt
  nature
2 piments verts *
  hachés
6 feuilles de curry *

Mettez dans une casserole les légumes, les bananes, le poivre de Cayenne et le sel. Couvrir d'eau jusqu'à 1 cm au-dessus des ingrédients, et laissez frémir 20 à 25 minutes : veillez à ce que cela ne dessèche pas.

Faites tremper la noix de coco dans l'eau chaude 15 minutes, puis faites égoutter. Mélangez-la avec le yaourt, les piments et mettez dans la casserole. Ajoutez les feuilles de curry, portez à ébullition, puis laissez frémir 5 minutes. Servez aussitôt.
Pour 4 personnes

Curry d'aubergines

350 g d'aubergines
en cubes
2 cuillères à café de
sel
3 cuillères à soupe
d'huile
1 ou 2 cuillères à
café de poivre de
Cayenne *
1 cuillère à café de
curcuma *
2 cuillères à café de
cumin * moulu
2 cuillères à café de
coriandre *
moulue
3 cm de gingembre *
haché
350 g de pommes de
terre en cubes
1 boîte (225 g) de
tomates
jus de 1 citron
2 cuillères à soupe
de feuilles de
coriandre *
hachées
1 cuillère à café de
garam massala *

Saupoudrez les aubergines avec 1
cuillère à café de sel, mettez dans
une passoire et laissez de côté
20 minutes.

Chauffez l'huile dans une
casserole, ajoutez le poivre de
Cayenne, le curcuma, le cumin, la
coriandre moulue, le gingembre et
faites revenir 2 minutes. Ajoutez les
pommes de terre, les aubergines
égouttées, et faites revenir 2 minutes
en tournant.

Ajoutez les tomates, le jus de
citron, la coriandre hachée et le reste
de sel, couvrez et laissez mijoter
25 minutes. Si cela se dessèche,
ajoutez un peu d'eau. Au moment de
servir, incorporez le garam massala.
Pour 4 personnes

Curry de yaourt

500 g de yaourt
2 cuillères à soupe
de farine de pois
chiches *
2 cuillères à soupe
d'huile
1/2 cuillère à café
de cumin moulu *
1/2 cuillère à café
de coriandre *
moulue
2 gousses d'ail
écrasées
2 piments verts *
hachés
1 cuillère à café de
curcuma *
sel
1 cuillère à soupe de
coriandre * hachée
6 feuilles de curry *

Mélangez le yaourt et la farine de
pois chiches.

Faites chauffer l'huile dans une
casserole, ajoutez le cumin, la
coriandre moulue, l'ail, les piments,
et faites revenir 1 minute. Ajoutez le
curcuma, puis le mélange de yaourt.
Salez si nécessaire, et laissez frémir
10 minutes sans couvrir, en tournant
de temps en temps.

Ajoutez la coriandre hachée, les
feuilles de curry, et laissez cuire
encore 10 minutes.

Disposez sur un plat chaud.
Pour 4 personnes

Menus végétariens

Vous pouvez ajouter des légumes racine coupés en cubes ou
des bouquets de chou-fleur au curry de yaourt, mais pensez à
modifier le temps de cuisson. Ce plat accompagnera bien un
curry sec de légumes ou du riz.

Le curry d'aubergines est un bon exemple de combinaison
de légumes ; les pommes de terre absorbent bien les épices et
la sauce. Accompagnez de puri (page 136).

A GAUCHE : *curry de yaourt ; curry d'aubergines*
A DROITE : *navets épicés ; tomates à la coriandre*

Navets épicés

3 cuillères à soupe
de ghi*
1 kg de navets
coupés en quatre
2 gousses d'ail
1 piment vert*
2 cm de gingembre*
1 cuillère à café de
cumin*
2 cuillères à café de
grains de
coriandre*
2 cuillères à soupe
de yaourt nature
1 cuillère à café de
sel
15 cl d'eau
1 cuillère à café de
sucre
1 cuillère à café de
garam marsala*

Dans le ghi chaud d'une poêle faites revenir légèrement les navets, puis mettez-les de côté.

Passez au mixeur l'ail, le piment, le gingembre, le cumin, la coriandre et le yaourt. Faites revenir la pâte obtenue dans la poêle.

Remettez les navets, salez, versez l'eau et laissez mijoter couvert 10 minutes. Ajoutez le sucre, le garam massala et tournez à feu vif jusqu'à ce qu'il n'y ait presque plus de liquide.

Pour 4 à 6 personnes

Tomates à la coriandre

3 cuillères à soupe
d'huile
2 oignons coupés
1 kg de tomates en
rondelles
2,5 cm de gingembre
haché*
1 cuillère à café de
cumin moulu*
1 cuillère à café de
coriandre moulue
1/2 cuillère à café
de poivre de
Cayenne*
1 cuillère à café de
sel
1 piment vert*
1 cuillère à café de
sucre
50 g de coriandre
hachée*

Dans l'huile chaude d'une poêle faites revenir les oignons. Quand ils sont transparents, faites mijoter les tomates, le gingembre, le cumin, la coriandre, le poivre de Cayenne, le sel. Quand le mélange commence à épaissir, ajoutez le piment vert, le sucre et laissez cuire 5 à 10 minutes. Saupoudrez la coriandre et servez.

Pour 4 personnes

Chou-fleur aux poivrons

3 cuillères à soupe
  d'huile
1 oignon coupé en
  rondelles
1/2 cuillère à café
  de curcuma*
1 chou-fleur en
  bouquets
1 piment vert
  épépiné*
3 poivrons, vert,
  rouge et jaune,
  évidés et coupés
  en lanières

Dans l'huile chaude d'une poêle
faites revenir l'oignon ; quand il est
transparent, tournez 1 minute le
curcuma. Ajoutez le chou-fleur,
salez, couvrez et laissez cuire à feu
doux environ 10 minutes.

Ajoutez le piment, les poivrons,
mélangez bien et laissez cuire
5 minutes.

Pour 4 personnes

Petits pois à l'indienne

5 cuillères à soupe
  d'huile
1 oignon haché
2 cm de gingembre
  haché*
1 piment vert haché*
2 gousses d'ail
  écrasées
1 cuillère à café de
  curcuma*
750 g de pommes de
  terre en petits
  cubes
6 feuilles de menthe
250 g de petits pois
  écossés

Dans l'huile chaude d'une poêle,
faites revenir l'oignon ; quand il est
transparent, faites revenir 5 minutes
le gingembre, le piment, l'ail, le
curcuma. Incorporez les pommes de
terre, salez, couvrez et laissez cuire
5 minutes.

Ajoutez la menthe, les petits pois,
mélangez bien, laissez cuire
20 minutes ; si vous utilisez des
petits pois congelés, ajoutez-les
seulement 5 minutes avant la fin de
la cuisson.

Pour 4 à 6 personnes

A GAUCHE : *chou-fleur aux poivrons ; petits pois à l'indienne ;
chou au gingembre*
A DROITE : *lentilles corail*

Chou au gingembre

*3 cuillères à soupe
d'huile
1 oignon coupé en
rondelles fines
2 gousses d'ail
écrasées
1 piment vert
épépiné et haché
fin*
2 cm de gingembre
haché*
500 g de chou blanc
coupé en lanières*

Dans l'huile chaude d'une poêle
faites revenir l'oignon ; quand il est
transparent, faites cuire 1 minute
l'ail, le piment et le gingembre.
Mélangez bien le chou, salez,
couvrez et laissez cuire 15 minutes,
en tournant de temps en temps ; le
chou doit rester croquant. S'il reste
trop de liquide retirez le couvercle
pendant les 5 dernières minutes de
cuisson.
Pour 4 personnes

Biryani de légumes

*500 g de riz
basmati, lavé,
trempé et égoutté
(voir riz nature
page 126)
sel
3 cuillères à soupe
d'huile
5 cm de cannelle*
6 gousses de
cardamome*
6 clous de girofle
2 oignons émincés
2 gousses d'ail
émincées
2 piments verts*
émincés
1 cuillère à soupe de
gingembre* râpé
1 kg de légumes
variés en
morceaux
1 boîte (400 g) de
tomates
1 cuillère à soupe de
coriandre* hachée*

Faites cuire 3 minutes le riz dans
une grande quantité d'eau salée, puis
faites égoutter.
  Faites chauffer l'huile dans une
grande casserole et faites revenir
quelques secondes la cannelle, la
cardamome et les clous de girofle.
Ajoutez les oignons, l'ail, les
piments, le gingembre et faites dorer.
Mettez les légumes et faites revenir
2 ou 3 minutes. Ajoutez les tomates
avec leur jus, et salez selon votre
goût. Couvrez et laissez mijoter
20 minutes.
  Faites alterner une couche de
légumes, une couche de riz dans une
cocotte, en commençant et en
terminant par une couche de
légumes. Couvrez et faites cuire 25 à
30 minutes dans un four à 180°.
Parsemez de coriandre hachée et
servez.
Pour 4 à 6 personnes

Lentilles corail

*4 cuillères à soupe
d'huile
6 clous de girofle
6 gousses de
cardamome*
1 bâton de cannelle
de 2 cm*
1 oignon haché
2 cm de gingembre
haché*
1 piment vert haché*
1 gousse d'ail
hachée
1/2 cuillère à café
de garam
massala*
250 g de lentilles
corail*
jus de 1 citron*

Dans l'huile chaude d'une poêle,
faites revenir les clous de girofle, la
cardamome, la cannelle. Ajoutez
l'oignon ; quand il est transparent,
faites cuire environ 5 minutes le
gingembre, le piment, l'ail et le
garam massala.
  Ajoutez les lentilles, laissez revenir
1 minute, salez. Ajoutez de l'eau de
sorte qu'il y en ait 3 cm au-dessus
des lentilles. Portez à ébullition,
couvrez et laissez frémir 20 minutes.
  Versez le jus de citron, tournez et
servez aussitôt.
Pour 4 personnes

Courgettes aux petits pois et à la coriandre

4 cuillères à soupe
  d'huile
2 oignons coupés en
  rondelles
2 gousses d'ail
  hachées
1 piment vert haché*
2 cm de gingembre
  haché*
4 cuillères à soupe
  de coriandre
  hachée*
sel
500 g de courgettes
  coupées en
  rondelles de 5 mm
  d'épaisseur
250 g de petits pois
  écossés

Dans l'huile chaude d'une poêle, laissez revenir l'oignon ; quand il est transparent, faites revenir l'ail, le piment, le gingembre, la coriandre, salez. Ajoutez les courgettes, les petits pois, couvrez et laissez cuire 30 minutes. Si nécessaire, faites bouillir à feu vif pour que tout le jus soit évaporé.

Pour 4 personnes

Lentilles germées

250 g de lentilles
  vertes* rincées à
  l'eau
3-4 cuillères à soupe
  d'huile
1 oignon coupé en
  rondelles fines
1 piment vert
  épépiné et coupé
  fin*
2,5 cm de gingembre
  coupé en fines
  lamelles*
1 cuillère à café de
  fenouil en grains*
30 cl d'eau
sel

Un jour avant, couvrez d'eau chaude les lentilles dans une jatte. Posez un linge et laissez dans un endroit chaud ; ne laissez pas les lentilles se dessécher, si nécessaire ajoutez de l'eau. Le lendemain, elles doivent être germées. Rincez-les et égouttez-les.

Dans l'huile chaude d'une poêle, faites revenir l'oignon 3 minutes. Ajoutez le piment, le gingembre, le fenouil ; quand l'oignon est transparent, ajoutez les lentilles, l'eau, portez à ébullition et laissez cuire 30 minutes, en tournant de temps en temps. Il ne doit plus y avoir de liquide. Salez.

Pour 4 personnes

Pommes de terre aux épinards

6 cuillères à soupe
  d'huile
1 oignon haché
2 cm de gingembre
  haché*
1 piment vert haché*
1 cuillère à café de
  curcuma*
2 gousses d'ail
  hachées
500 g de pommes de
  terre en petits
  morceaux
sel
450 g d'épinards
  décongelés

Dans l'huile chaude d'une cocotte laissez revenir l'oignon ; quand il est transparent, faites revenir 5 minutes les épices et l'ail. Ajoutez les pommes de terre, salez, couvrez et laissez cuire 10 minutes.

Pressez les épinards pour en extraire le liquide, coupez-les fin. Ajoutez-les dans la cocotte et laissez cuire 5 minutes.

Pour 4 personnes

Pommes de terre aux épinards ; lentilles germées ; courgettes aux petits pois et à la coriandre

Pommes de terre aux épices

2 cuillères à soupe
d'huile
1/2 cuillère à café
de graines de
moutarde*
250 g de pommes de
terre en dés
1 cuillère à café de
curcuma*
1 cuillère à café de
Cayenne*
2 cuillères à café de
paprika
jus de 1 citron
1 cuillère à café de
sucre
sel
250 g de tomates
coupées en quatre
2 cuillères à soupe
de coriandre
hachée*

Dans l'huile chaude d'une poêle,
faites revenir quelques secondes les
graines de moutarde. Quand elles
éclatent, faites revenir 5 minutes les
pommes de terre. Ajoutez les épices,
le jus de citron, le sucre, le sel,
mélangez bien et laissez cuire
5 minutes.

Ajoutez les tomates, laissez
mijoter 5 minutes. Saupoudrez de
coriandre avant de servir.
Pour 4 personnes

Pommes de terre au yaourt

4 cuillères à soupe
d'huile
1 oignon haché
2 cm de gingembre
haché*
1 cuillère à soupe de
coriandre moulue*
1 piment vert haché*
750 g de petites
pommes de terre
nouvelles
1 boîte (220 g) de
tomates
100 g de raisins secs
sel
300 g de yaourt
nature
coriandre hachée

Dans l'huile chaude d'une poêle,
faites revenir l'oignon et le
gingembre. Quand ils sont
transparents, faites revenir les grains
de coriandre et le piment. Ajoutez
les pommes de terre et laissez cuire
5 minutes à feu doux.

Ajoutez les tomates et leur jus, les
raisins, salez et mélangez bien.
Augmentez le feu, laissez cuire, sans
couvrir ; quand le jus s'est évaporé,
incorporez peu à peu la moitié du
yaourt. Au bout de 20 minutes de
cuisson des pommes de terre, ajoutez
le reste de yaourt peu à peu, baissez
le feu et laissez 2 minutes.
Saupoudrez de coriandre hachée et
servez.
Pour 4 à 6 personnes

Pommes de terre aux épices ; pommes de terre au yaourt

Purée d'aubergines ; gombos

Purée d'aubergines

500 g d'aubergines
2 cuillères à soupe
    d'huile
1 gros oignon haché
1 gousse d'ail
    écrasée
1 piment vert
    épépiné et haché*
1 cuillère à soupe de
    grains de
    coriandre
    moulus*, sel
1 cuillère à soupe de
    coriandre hachée*
1 cuillère à soupe de
    jus de citron

Faites cuire les aubergines
30 minutes dans un four à 180°.
Laissez-les refroidir un peu, ouvrez-les, retirez la chair et écrasez-la à la fourchette.
  Dans l'huile chaude d'une poêle, faites revenir l'oignon, l'ail et le piment ; quand l'oignon est transparent, ajoutez la coriandre moulue et la coriandre hachée, du sel, la pulpe d'aubergine, laissez cuire 2 minutes sans couvrir, puis 5 minutes couvert. Versez le jus de citron et servez.
Pour 4 personnes

Gombos

250 g de gombos
2 cuillères à soupe
    d'huile
2 cm de gingembre
    haché*
1 cuillère à café de
    curcuma*
sel
2 cuillères à soupe
    d'eau
300 g de yaourt
1/2 cuillère à café
    de poivre de
    Cayenne*
2 cuillères à soupe
    de noix de coco
    râpée*
1 cuillère à soupe de
    coriandre hachée*

Retirez les extrémités des gombos, coupez-les en deux dans le sens de la longueur. Faites-les revenir 5 minutes dans l'huile chaude d'une poêle. Ajoutez le gingembre, le curcuma, le sel, l'eau, couvrez et laissez cuire 10 minutes ; les gombos doivent être tendres.
  Ajoutez le reste des ingrédients.
Pour 4 personnes

Pommes de terre aux graines de moutarde

4 cuillères à soupe
    d'huile
1 cuillère à café de
    graines de
    moutarde*
1 cuillère à café de
    curcuma*
1 piment vert haché*
500 g de pommes de
    terre cuites en dés
jus de 1 citron

Dans l'huile chaude d'une poêle, faites revenir les graines de moutarde ; quand elles commencent à éclater, faites revenir quelques secondes le curcuma et le piment. Ajoutez les pommes de terre. Versez le jus de citron, salez, mélangez et laissez chauffer.
Pour 4 personnes

Salade de nouilles à l'orientale

SAUCE :
125 g de beurre de
  cacahuètes
10 cl de bouillon de
  légumes
5 cl de sauce soja*
4 cuillères à soupe
  d'huile de
  sésame*
2 cuillères à soupe
  de vinaigre de vin
1 cuillère à soupe
  d'ail écrasé
1 cuillère à soupe de
  gingembre* râpé
1 cuillère à café de
  pili-pili*
5 cl de lait de coco*
  épais ou de crème
  double
SALADE :
3,5 l d'eau
1 cuillère à soupe
  d'huile
sel
300 g de nouilles
  chinoises fines aux
  œufs
125 g de germes de
  soja*
2 cuillères à soupe
  d'huile de
  sésame*
1 boîte (400 g de
  maïs en grains,
  égoutté
125 g de carottes, en
  tranches fines
125 g de concombre,
  en tranches fines
25 g de ciboule,
  émincée

(Illustration, page 102)

Pour faire la sauce, passez tous les ingrédients au mixeur sauf le lait de coco. Quand le mélange est bien homogène, versez le lait de coco en mince filet, le mixeur étant en marche. Versez dans une saucière, couvrez et mettez de côté.

Dans une grande casserole, mettez l'eau, l'huile, le sel, et portez à ébullition. Faites cuire les nouilles « al dente ». Mettez à égoutter dans une passoire, puis rincez abondamment à l'eau froide. Faites égoutter. Transvasez les nouilles dans un grand saladier. Ajoutez les germes de soja, l'huile de sésame et tournez bien. Mettez de côté.

Disposez le maïs, les carottes, le concombre de façon attrayante sur les bords d'un grand plat ovale. Arrangez les nouilles au milieu, en forme de dôme, et parsemez de ciboule. Servez aussitôt en présentant la sauce à part.
Pour 4 personnes

Pois chiches

250 g de pois
  chiches
75 cl d'eau
2 cuillères à soupe
  de ghi* ou d'huile
1 oignon haché
1 bâton de cannelle
  de 2 cm*
4 clous de girofle
2 gousses d'ail
  écrasées
2 cm de gingembre
  haché*
1 piment vert haché*
2 cuillères à café de
  grains de
  coriandre moulus*
125 g de tomates
  hachées
1 cuillère à café de
  garam massala*
1 cuillère à soupe de
  coriandre hachée*

Lavez les pois chiches et laissez-les tremper dans l'eau toute une nuit. Faites-les cuire à petits bouillons jusqu'à ce qu'ils soient tendres. Égouttez-les, mettez-les de côté et gardez l'eau de cuisson.

Dans le ghi chaud d'une poêle, faites dorer l'oignon ; ajoutez et faites revenir quelques secondes la cannelle, les clous de girofle, puis faites revenir 5 minutes l'ail, le gingembre, le piment, la coriandre moulue. Ajoutez les tomates et laissez jusqu'à évaporation du jus.

Ajoutez les pois chiches, faites cuire 5 minutes, puis versez l'eau de cuisson et laissez mijoter 25 minutes. Ajoutez le garam massala, saupoudrez la coriandre et servez aussitôt.
Pour 4 personnes

Pois chiches

Champignons sauce d'huîtres

50 g de petits champignons parfumés*
2 cuillères à soupe d'huile
4 ciboules hachées
15 cl de bouillon
1 boîte (230 g) de champignons de mousse*, égouttés
130 g de champignons de Paris
3 cuillères à soupe de sauce d'huîtres*
1 cuillère à soupe de vin blanc sec

Faites tremper les champignons parfumés 15 minutes dans l'eau chaude. Pressez-les et équeutez-les.

Faites chauffer l'huile dans une sauteuse et faites revenir la ciboule 30 secondes, tout en tournant. Ajoutez les têtes de champignons, mouillez avec le bouillon et laissez mijoter 15 à 20 minutes : les champignons doivent être tendres.

Ajoutez les autres champignons. Laissez-les cuire 1 minute. Arrosez avec la sauce d'huîtres, le vin blanc, et mélangez bien le tout. Faites cuire 1 autre minute.

Disposez sur un plat de service chaud et servez immédiatement.

Pour 4 à 6 personnes

Pousses de bambou aux châtaignes d'eau

10 champignons parfumés*
4 ciboules
2 cuillères à soupe d'huile
180 g de pousses de bambou en conserve* émincées
80 g de châtaignes d'eau en conserve*, coupées en deux
2 cuillères à soupe de sauce soja légère*
1 cuillère à soupe de vin blanc sec
2 cuillères à soupe de bouillon
2 cuillères à café de maïzena
1 cuillère à café d'huile de sésame*

Faites tremper les champignons 15 minutes dans l'eau chaude. Pressez-les bien pour en extraire l'eau, équeutez-les et coupez les têtes en quartiers. Coupez les ciboules en morceaux de 2 cm de long.

Faites chauffer l'huile dans une poêle. Ajoutez les pousses de bambou, la ciboule, les châtaignes, et faites revenir 30 secondes en tournant. Ajoutez les champignons. Incorporez la sauce soja, le vin blanc, le bouillon, et faites cuire 1 minute.

Délayez la maïzena dans 1 cuillère à soupe d'eau et incorporez dans la poêle. Laissez cuire, en remuant, le temps pour le mélange d'épaissir.

Transférez sur un plat de service chaud. Assaisonnez avec l'huile de sésame et servez immédiatement.

Pour 4 à 6 personnes

Légumes sautés

2 cuillères à soupe d'huile
2 ciboules émincées
1 morceau de gingembre* émincé
2 gousses d'ail émincées
1-2 piments, épépinés et hachés*
50 g de champignons de Paris
130 g de carottes nouvelles
130 g de haricots mange-tout
130 g de haricots verts
50 g de germes de soja*
1 poivron rouge émincé
2 branches de céleri émincées
quelques bouquets de chou-fleur
4 cuillères à soupe de sauce soja légère*
2 cuillères à soupe de vin blanc sec
1 cuillère à café d'huile de sésame*

Faites chauffer l'huile dans une sauteuse. Ajoutez la ciboule, le gingembre, l'ail, et faites revenir à feu vif 30 secondes, tout en tournant. Ajoutez les piments et tous les légumes. Mélangez bien. Faites cuire 2 minutes, toujours en remuant. Incorporez la sauce soja, le vin blanc, et laissez cuire 2 autres minutes.

Assaisonnez avec l'huile de sésame. Versez le tout sur un plat de service chaud et servez immédiatement.

Pour 4 à 6 personnes

Les légumes en Chine

Dans la cuisine chinoise, très souvent, on fait revenir à feu vif les légumes pour leur conserver leur couleur et leur goût. Il existe une très grande variété de légumes secs comme de légumes frais. Les Chinois apprécient particulièrement les diverses variétés de chou aussi bien que le maïs, les pousses de bambou, les châtaignes d'eau, les germes de soja et les mange-tout.

Aubergines braisées

huile à friture
4 ciboules émincées
4 gousses d'ail
  émincées
1 morceau de
  gingembre* en
  lanières
2 grosses aubergines,
  coupées en
  lanières de 5 cm
  de long
2 cuillères à soupe
  de sauce soja*
2 cuillères à soupe
  de vin blanc sec
2 cuillères à soupe
  de sauce chili
poivron vert et rouge
  haché

Faites chauffer 2 cuillères à soupe d'huile dans une sauteuse. Ajoutez la ciboule, l'ail, le gingembre et faites revenir 30 secondes tout en tournant. Retirez de la sauteuse et réservez. Augmentez le feu. Ajoutez les lanières d'aubergines et faites revenir jusqu'à ce qu'elles brunissent. Si nécessaire rajoutez de l'huile. Retirez de la sauteuse et égouttez sur du papier absorbant.

Otez l'huile de la sauteuse. Remettez la ciboule, l'ail, le gingembre et les lanières d'aubergines dans la sauteuse. Mouillez avec la sauce soja, le vin blanc, la sauce chili. Remuez bien et laissez cuire 2 minutes.

Disposez le mélange sur un plat de service chaud. Décorez avec le poivron et servez immédiatement.
Pour 4 à 6 personnes

Pousses de bambou braisées

6 champignons
  parfumés*
2 cuillères à soupe
  d'huile
1 morceau de
  gingembre
2 gousses d'ail
  hachées
6 ciboules en
  rondelles
1 poivron vert haché
1 boîte (500 g) de
  pousses de
  bambou*,
  émincées
2 cuillères à soupe
  de sauce soja
  légère*
2 cuillères à soupe
  de vin blanc sec
130 g de jambon
  cuit maigre, coupé
  en lanières

Faites tremper les champignons 15 minutes dans l'eau chaude. Pressez-les bien pour en extraire l'eau, équeutez-les et coupez les têtes en lamelles.

Faites chauffer l'huile dans une sauteuse. Ajoutez le gingembre, l'ail, la ciboule, le poivron, et faites revenir 1 minute tout en tournant. Incorporez le reste des ingrédients. Mélangez bien et faites cuire 3 minutes.

Disposez sur un plat de service chaud et servez immédiatement.
Pour 4 à 6 personnes

Aubergines braisées ; pousses de bambou braisées

Légumes à l'indienne

*3 cuillères à soupe
    d'huile*
*1 cuillère à café de
    graines de
    fenouil**
2 oignons émincés
*1 cuillère à café de
    chaque :
    coriandre*
    moulue, Cayenne**
*2 cuillères à café de
    gingembre* râpé*
*2 gousses d'ail
    écrasées*
*1 petite aubergine
    émincée*
*1 pomme de terre en
    cubes*
*1 poivron vert
    émincé*
*2 courgettes
    émincées*
*1 boîte (400 g) de
    tomates*
2 piments verts
    hachés,*
sel
*50 g de petits pois
    surgelés*

Faites chauffer l'huile dans un wok
ou dans une sauteuse, mettez les
graines de fenouil et faites revenir
1 minute en tournant. Ajoutez les
oignons et faites-les blondir
5 minutes. Baissez le feu, ajoutez la
coriandre, le cumin, le poivre de
Cayenne, et faites cuire 5 minutes en
tournant. Ajoutez le gingembre, l'ail,
l'aubergine, la pomme de terre,
mélangez bien et laissez cuire
5 minutes. Ajoutez le poivron vert,
les courgettes, les tomates avec leur
jus, les piments et salez selon votre
goût. Portez lentement à ébullition,
puis laissez mijoter 10 minutes, en
tournant de temps en temps.

Mettez les petits pois et faires
cuire 3 minutes jusqu'à ce que le
liquide soit absorbé.

Disposez dans un plat chaud et
servez aussitôt.
Pour 4 à 6 personnes

Tomates à l'ail

*3 cuillères à soupe
    d'huile*
2 oignons émincés
*1 cuillère à café de
    coriandre* moulue*
*1 cuillère à café de
    cumin* moulu*
*1/2 cuillère à café
    de poivre de
    Cayenne**
*2 cuillères à café de
    gingembre* haché
    fin*
*1 ou 2 gousses d'ail
    écrasées*
*1 kg de tomates en
    tranches*
2 piments verts
    hachés fin,
    épépinés*
*1/2 à 1 cuillère à
    café de sel*
*1 ou 2 cuillères à
    soupe de feuilles
    de coriandre*
    hachées*
*feuilles de
    coriandre**

Faites chauffer un wok ou une
sauteuse à feu modéré, mettez
l'huile. Ajoutez les oignons et faites
blondir 5 minutes en tournant de
temps en temps.

Diminuez le feu, incorporez la
coriandre, le cumin, le poivre de
Cayenne et faites cuire 2 minutes en
tournant. Ajoutez le gingembre, l'ail,
les tomates, les piments ; tournez
bien pour mélanger parfaitement
tomates et épices. Diminuez le feu et
laissez épaissir 5 à 7 minutes. Salez
et faites cuire encore une minute.

Disposez dans un plat chaud,
parsemez de coriandre hachée.
Décorez de feuilles de coriandre et
servez aussitôt.
Pour 4 personnes

Légumes à l'indienne ; tomates à l'ail

Concombres aux épices

1 1/2 concombre
2 cuillères à café de sel
1 cuillère à soupe d'huile
1/4 cuillère à soupe de sauce de haricots de soja* au piment ou de poivre de Cayenne*
6 gousses d'ail écrasées
1 1/2 cuillère à soupe de haricots noirs* hachés gros
5 cuillères à soupe de bouillon de poule
1 cuillère à café d'huile de sésame*
POUR DÉCORER : tranches de concombre

Épluchez le concombre, coupez-le en deux dans le sens de la longueur, épépinez-le, puis coupez-le en cubes. Saupoudrez de sel et faites égoutter 20 minutes dans une passoire. Rincez ensuite à l'eau froide, essorez bien et mettez sur du papier absorbant.

Chauffez bien le wok ou la sauteuse, versez dedans l'huile ; quand elle est sur le point de fumer, versez la sauce de haricots de soja au piment ou le poivre de Cayenne, l'ail, les haricots noirs, et faites revenir 30 secondes en tournant. Ajoutez le concombre, mélangez-le bien avec les épices. Ajoutez le bouillon et continuez à faire revenir à feu vif en tournant 3 ou 4 minutes, jusqu'à ce que le liquide soit évaporé.

Disposez dans un plat chaud. Arrosez d'huile de sésame, décorez de tranches de concombre cru, et servez aussitôt.
Pour 4 personnes

Haricots verts frits

60 cl d'huile à friture
500 g de haricots verts
3 gousses d'ail écrasées
1 cuillère à soupe de gingembre* haché
4 ciboules hachées
2 piments rouges secs*
1 cuillère à soupe de sauce de haricots de soja jaunes*
1 cuillère à soupe de vin blanc sec
1 cuillère à soupe de sauce soja*
1 pincée de sucre
1 cuillère à soupe de bouillon

Faites chauffer l'huile dans un wok ou une friteuse. Pour tester la bonne température, mettez dedans un haricot : il doit grésiller. Plongez alors la moitié des haricots 3 ou 4 minutes, jusqu'à ce qu'ils soient ridés ; retirez-les et égouttez bien. Recommencez avec le reste des haricots.

Faites chauffer 1 cuillère à soupe d'huile dans un wok ou une poêle. Ajoutez l'ail, le gingembre, les ciboules et faites revenir 5 secondes en tournant. Ajoutez les piments et faites-les noircir 30 secondes. Retirez les piments, ajoutez le reste des ingrédients et faites revenir quelques secondes en tournant. Mettez les haricots égouttés et faites revenir 2 minutes en tournant, jusqu'à ce qu'ils soient bien chauds et nappés de sauce.

Disposez sur un plat chaud et servez aussitôt.
Pour 4 personnes

Concombres aux épices ; haricots verts frits

Chine de l'Ouest

Ces deux recettes sont originaires de la Chine de l'Ouest. Appelée « la région de l'abondance », elle est entourée de montagnes et comprend les provinces du Sichuan et du Henan. Cette région, la plus peuplée et la plus fertile de Chine, est traversée par le Yang-tsê kiang. Elle produit du riz, de la canne à sucre, du maïs, des haricots et du tabac.

Salade de chou chinois

*1 poireau finement
émincé
1 chou chinois ciselé
en lanières*
1 poivron vert
épépiné et émincé
6 cuillères à soupe
de sauce aux
herbes**

Séparez les rondelles de poireau pour obtenir des anneaux et mélangez avec le chou chinois dans une jatte. Ajoutez le poivron et la sauce ; remuez bien le tout. Présentez dans un saladier et servez immédiatement.
Pour 6 à 8 personnes

Salade verte ciselée

*125 g de chou
chinois*
125 g de romaine
2 cartons de cresson
alénois
6 ciboules émincées
6 cuillères à soupe
de vinaigrette*

Ciselez le chou chinois et la romaine en fines lanières. Mettez le tout dans un saladier. Ajoutez le cresson et la ciboule ; mélangez bien.
Assaisonnez et remuez au moment de servir.
Pour 4 à 6 personnes

Vous pouvez aussi utiliser des germes de soja*.

Salade d'oignons pimentée

*5 cuillères à soupe
de vinaigre de
cidre
3 cuillères à soupe
d'eau
1 piment épépiné et
haché*
sel et poivre
2 oignons d'Espagne
émincés*

Cette salade peut accompagner un cari ou une assiette de viande froide. Mélangez le vinaigre, l'eau et le piment avec du sel et du poivre.
Mettez les oignons dans un plat de service ; versez l'assaisonnement dessus. Laissez reposer 1 heure, en remuant de temps en temps.
Pour 6 personnes

Salade de lentilles

*250 g de lentilles
vertes
sel et poivre
6 cuillères à soupe
de sauce au soja*
(voir page 155)
4 tomates pelées et
hachées
1 petit oignon haché
125 g de germes de
soja*
2 branches de céleri
émincées
1 cuillère à soupe de
sarriette hachée*

Couvrez les lentilles d'eau bouillante et laissez-les tremper 20 minutes. Égouttez, mettez dans une casserole avec de l'eau froide et portez à ébullition. Salez légèrement et laissez frémir 20 minutes à couvert. Égouttez et mettez dans un saladier. Versez la sauce et remuez immédiatement.
Laissez refroidir.
Ajoutez les autres ingrédients, salez et poivrez. Remuez bien avant de transférer dans un plat de service.
Pour 6 à 8 personnes

Légumes trois couleurs

*3 cl de bouillon de
poule
2 cuillères à soupe
de sauce
d'huîtres*
1 cuillère à soupe de
sauce soja*
1 cuillère à soupe de
mirin* ou de vin
blanc sec
2 cuillères à café de
maïzena
2 cuillères à soupe
d'huile
750 g de brocolis en
bouquets
3 cl d'eau
1 boîte (400 g) de
maïs en grains,
égoutté
250 g de petits
champignons de
Paris coupés en
deux
1 cuillère à soupe
d'huile de
sésame*
1 cuillère à soupe de
graines de
sésame* grillées*

Dans une petite jatte, battez le bouillon, la sauce d'huîtres, la sauce soja, le mirin et la maïzena jusqu'à ce que le mélange soit homogène. Couvrez et mettez de côté.
Dans un wok ou une grande sauteuse, faites chauffer l'huile à feu modéré. Ajoutez les brocolis et faites cuire 2 minutes en tournant souvent. Ajoutez l'eau, couvrez et laissez cuire 1 minute. Ajoutez le maïs et les champignons, puis faites revenir 2 minutes en tournant. Tournez bien le mélange de bouillon, puis versez-le sur les légumes. Couvrez et laissez cuire 1 minute. Arrosez d'huile de sésame, puis disposez sur un plat chaud. Décorez avec les graines de sésame et servez aussitôt.
Pour 4 personnes

(Illustration, page 102)

Épinards à l'ail

1 kg d'épinards
*2 cuillères à soupe
    d'huile*
4 ciboules hachées
*1 cuillère à café de
    sauce soja**
1 pincée de sucre
1 pincée de sel
*2 gousses d'ail
    écrasées*
*1 cuillère à café de
    graines de
    sésame* grillées*

Lavez bien les épinards et ôtez toutes les queues. Égouttez.

Faites chauffer l'huile dans un grand wok ou une sauteuse, ajoutez les ciboules et faites revenir 30 secondes. Ajoutez les épinards et faites revenir 2 minutes en tournant, jusqu'à ce que les feuilles aient diminué de volume et soient bien huilées. Ajoutez la sauce soja, le sucre, le sel, l'ail et continuez à faire revenir 3 minutes en tournant. Enlevez le jus de cuisson superflu.

Disposez dans un plat chaud et parsemez de graines de sésame.
Pour 4 personnes

Brocolis au gingembre

500 g de brocolis
sel
*2 cuillères à soupe
    d'huile*
*1 gousse d'ail
    émincée*
3 cm de gingembre
    en fines lanières*
*1/2 ou 1 cuillère à
    café d'huile de
    sésame*

Séparez les brocolis en bouquets, épluchez et coupez les tiges en diagonale. Faites-les blanchir 30 secondes dans l'eau bouillante salée, égouttez, passez-les rapidement sous l'eau froide ; mettez à égoutter.

Faites chauffer l'huile dans un grand wok ou une sauteuse, ajoutez l'ail, le gingembre et faites revenir 30 secondes en tournant. Ajoutez les brocolis et faites cuire 2 minutes. Arrosez d'huile de sésame et faites revenir en tournant encore 30 secondes.

Disposez dans un plat chaud et servez aussitôt.
Pour 4 personnes

Épinards à l'ail ; brocolis au gingembre

RIZ ET DIM SUM

Le riz est la base de la nourriture pour plus de la moitié de la population du monde. En fait, il constitue la part la plus importante de l'alimentation quotidienne dans certaines parties de l'Orient.

Il existe de nombreuses variétés de riz : parmi eux, le riz basmati, riz à grain long qui provient de l'Himalaya, le riz gluant surtout apprécié des Japonais, et le riz rond qui sert généralement à confectionner les desserts. Dans ce chapitre, vous trouverez les spécialités indiennes de riz biryani et de riz pilaf, la saveur de l'Indonésie avec le riz à la noix de coco et l'étonnant riz en feuilles de lotus chinois.

Bien que les Orientaux mangent du pain, leur froment sert plutôt à préparer des nouilles de diverses formes. Les nouilles sont également faites à partir de farine de haricots, de riz, de patates douces et de sarrasin. Les recettes de nouilles dan-dan, de nouilles aux fruits de mer et de nouilles croustillantes devraient vous inviter à faire des expériences dans ce domaine si négligé de la cuisine orientale.

Les dim sum jouent depuis longtemps un rôle dans la cuisine chinoise. Ce ne sont pas des boulettes farineuses, mais de savoureuses friandises délicatement modelées et farcies. La dégustation des dim sum est un passe-temps national. Les chariots, où s'empile un assortiment fumant de dim sum sucrés ou salés, sont poussés devant les clients qui n'ont qu'à faire leur choix.

Biryani

8 cuillères à soupe
de ghi* ou d'huile
1 bâton de cannelle
de 10 cm*
8 gousses de
cardamome*
12 clous de girofle
4 gousses d'ail
écrasées
3 cm de gingembre
haché*
1 cuillère à café de
fenouil en grains*
1/2 cuillère à café
de poivre de
Cayenne*
1 kg de mouton
coupé en cubes
300 g de yaourt
nature
15 cl d'eau
2 cuillères à café de
sel
500 g de riz basmati
lavé et trempé
30 minutes
1/2 cuillère à café
de brins de
safran* trempés
dans 3 cuillères à
soupe d'eau
bouillante
POUR DÉCORER :
2 cuillères à soupe
de ghi* ou d'huile
1 gros oignon coupé
en rondelles
4 cuillères à soupe
d'amandes effilées
4 cuillères à soupe
de raisins secs

Dans 6 cuillères à soupe de ghi chaud d'une cocotte, faites revenir quelques secondes, en tournant, la cannelle, la cardamome, les clous de girofle. Sans cesser de tourner, faites revenir 5 minutes l'ail, le gingembre, le fenouil, le poivre de Cayenne.

Faites revenir la viande, puis incorporez peu à peu le yaourt. Ajoutez l'eau, la moitié du sel, couvrez, laissez mijoter 40 minutes.

Pendant ce temps, remplissez d'eau aux deux tiers une casserole, portez à ébullition. Ajoutez le riz, le reste de sel et laissez bouillir 3 minutes.

Mettez le reste de ghi dans une grande cocotte et disposez en couches successives le riz, le safran, le mouton. Versez le jus de cuisson de la viande, posez le couvercle de la cocotte doublé de papier aluminium, laissez cuire 30 minutes dans un four à 190°.

Pendant ce temps, dans le ghi chaud d'une petite casserole, faites dorer l'oignon. Retirez-le et mettez-le de côté, puis faites dorer dans la casserole les amandes et gonfler les raisins. Disposez la viande sur un plat de service chaud, décorez avec l'oignon, les amandes et les raisins.

Pour 4 à 6 personnes

Biryani

C'est un plat d'origine mogole à base d'agneau et de riz. Il peut être servi en plat unique avec du yaourt ou une salade (avec des rondelles de concombre ou de banane), assaisonnée au yaourt.

Sa préparation nécessite un riz basmati de qualité, car les autres riz ne donneront pas le même arôme. Pour la même raison, utilisez du safran branche, plutôt que du safran en poudre.

Riz au poulet

1 cuillère à café de poivre de Cayenne*
sel
3 blancs de poulet coupés en lanières
75 g de beurre
2 gousses d'ail coupées fin
1 oignon émincé
50 g d'amandes effilées
50 g de raisins secs
1 cuillère à café de curcuma*
350 g de riz basmati, lavé, trempé et égoutté (voir riz nature page 126)
500 g de carottes râpées
45 cl de bouillon de poule

Dans une assiette mélangez le poivre de Cayenne avec 1/2 cuillère à café de sel, puis passez-y le poulet.

Faites chauffer 25 g de beurre dans une poêle, ajoutez les lanières de poulet, l'ail et tournez-les 2 minutes. Baissez le feu, couvrez et laissez cuire 10 minutes. Pendant ce temps faites chauffer le reste de beurre dans une casserole, ajoutez et faites dorer l'oignon, les amandes et les raisins. Ajoutez le curcuma, le riz et faites revenir en tournant 1 à 2 minutes. Salez, puis ajoutez les carottes, le poulet et le bouillon. Portez à ébullition, couvrez, baissez le feu et laissez frémir 20 minutes ; le liquide doit être complètement absorbé.

Disposez sur un plat de service chaud.

Pour 4 personnes

Riz complet

Dans le Riz aux crevettes et aux épinards, remplacez le riz blanc par du riz complet. Le résultat sera différent, mais délicieux. Faites toujours cuire complètement le riz complet avant de l'ajouter à d'autres ingrédients.

Pour le préparer, lavez-le et mettez-le dans une casserole avec deux fois sa quantité d'eau. Amenez à ébullition, baissez le feu, couvrez et laissez mijoter 45 minutes : l'eau doit être absorbée et le riz tendre.

Riz aux crevettes et aux épinards

500 g de riz basmati, lavé, trempé et égoutté (voir riz nature page 126)
sel
1/2 cuillère à café de curcuma*
50 g de beurre
3 cuillères à soupe d'huile
2 oignons émincés
3 gousses d'ail hachées
1 cuillère à soupe de gingembre* râpé
1 ou 2 cuillères à café de poivre de Cayenne*
2 cuillères à café de coriandre* moulue
1 kg d'épinards hachés
500 g de crevettes décortiquées

Remplissez d'eau aux trois quarts une grande casserole et portez à ébullition. Ajoutez le riz, 1 cuillère à café de sel et le curcuma. Faites bouillir 3 minutes, puis égouttez. Incorporez le beurre.

Faites chauffer l'huile dans une grande casserole, ajoutez les oignons, l'ail, le gingembre et faites dorer. Ajoutez le poivre de Cayenne, la coriandre, 1 cuillère à café de sel, et faites revenir quelques secondes. Ajoutez les épinards, faites-les fondre et ajoutez les crevettes.

Dans une cocotte, faites alterner une couche d'épinards, une couche de riz, une couche de crevettes, en commençant et en terminant par une couche d'épinards. Couvrez et faites cuire 30 minutes dans un four à 180°. Servez aussitôt.

Pour 4 personnes

Riz au safran ; riz à la noix de coco

Riz nature

350 g de riz long
45 cl d'eau
sel
POUR DÉCORER :
feuilles de
coriandre*
(facultatif)

Lavez le riz sous l'eau froide courante, puis laissez tremper dans l'eau froide 30 minutes ; égouttez-le. Mettez le riz dans une casserole avec l'eau et le sel, portez à ébullition, couvrez et laissez frémir 20 minutes, jusqu'à ce que le riz soit cuit et le liquide absorbé.

Disposez le riz sur un plat chaud et décorez de feuilles de coriandre, pour accompagner currys et autres plats épicées.

Note : Pour accompagner les plats indiens, le riz basmati est le meilleur ; on peut aussi utiliser le riz patna. Il y a différentes façons d'accommoder le riz, mais le plus important est de bien le laver avant de le faire cuire, pour éviter qu'il ne colle.

Pour 4 personnes

Riz à la noix de coco

45 cl de lait de noix
de coco* léger
1/2 cuillère à café
de curcuma*
350 g de riz basmati
lavé, trempé et
égoutté (voir le riz
nature en haut à
droite)
8 petits oignons
coupés
grossièrement
20 grains de poivre
1 cuillère à café de
sel
ciboules hachées

Versez le lait dans une casserole, incorporez le curcuma et ajoutez le riz. Portez à ébullition, couvrez et laissez frémir 10 minutes. Ajoutez les oignons, les grains de poivre, le sel et laissez encore frémir 10 minutes. Veillez à ce que le riz ne brûle pas.

Disposez sur un plat de service chaud et décorez avec les ciboules.

Pour 4 personnes

Riz au safran

1 cuillère à café de
brins de safran*
2 cuillères à soupe
d'eau bouillante
50 g de beurre ou de
ghi*
5 cm de cannelle*
6 gousses de
cardamome*
6 clous de girofle
1 oignon émincé
350 g de riz
basmati, lavé,
trempé, égoutté
(voir ci-dessus)
50 cl d'eau
sel

Faites tremper le safran 15 minutes dans l'eau bouillante, puis égouttez.

Dans une grande casserole, faites revenir les épices quelques secondes dans le beurre. Ajoutez l'oignon, faites-le dorer en tournant. Ajoutez le riz et faites revenir 2 ou 3 minutes.

Ajoutez le safran et l'eau, salez, mélangez et portez à ébullition. Couvrez et laissez cuire doucement 20 minutes. Jusqu'à ce que le riz soit cuit et le liquide absorbé.

Pour 4 personnes

Riz aux lentilles

175 g de riz long
  grain
175 g de lentilles
  corail *
50 g de beurre
1 oignon
1 gousse d'ail
  hachée
1 bâton de cannelle
  de 5 cm *
5 gousses de
  cardamome *
5 clous de girofle
10 grains de poivre
45 cl d'eau
  bouillante
sel

Lavez sous l'eau froide le riz et les lentilles mélangés, puis laissez-les tremper 30 minutes dans de l'eau froide.

Dans le beurre chaud d'une poêle, faites revenir l'oignon, l'ail, la cannelle, la cardamome, la girofle, le poivre.

Quand l'oignon est transparent, faites revenir doucement 2 minutes le mélange riz-lentilles. Versez l'eau et laissez bouillir 2 minutes. Couvrez, laissez mijoter jusqu'à ce que l'eau soit absorbée ; salez.

Disposez sur un plat de service chaud et servez.
Pour 4 personnes

Agneau et riz tari

50 g de gingembre*
  haché
40 g de feuilles de
  coriandre*
4 gousses d'ail
300 g de yaourt
  nature
sel
500 g de gigot
  d'agneau, en cubes
50 g de beurre
5 cm de cannelle*
4 clous de girofle
4 gousses de
  cardamome*
4 oignons hachés
500 g de riz
  basmati, lavé,
  trempé, égoutté
  (voir à gauche)

Passez au mixeur le gingembre, la coriandre, l'ail. Quand le mélange est homogène, mettez-le dans une jatte avec le yaourt et 1 cuillère à café de sel. Ajoutez la viande et mélangez bien. Couvrez et mettez de côté 2 heures.

Faites chauffer le beurre ou le ghi dans une grande casserole et faites revenir quelques secondes la cannelle, les clous de girofle, la cardamome. Ajoutez les oignons et faites-les dorer. Ajoutez l'agneau et toute la marinade, tournez bien et portez à ébullition. Couvrez et laissez cuire 30 minutes, ou jusqu'à ce que la viande soit presque tendre.

Pendant ce temps, faites bouillir le riz 3 minutes dans une grande quantité d'eau bouillante salée, puis faites égoutter. Mélangez le riz, le curry d'agneau, et mettez-les dans une cocotte. Couvrez et faites cuire 30 minutes dans un four à 190°, jusqu'à ce que le riz soit cuit. Servez chaud.
Pour 4 à 6 personnes

Agneau et riz tari ;
CI-DESSOUS : *riz aux lentilles*

Pilaf de poulet

350 g de riz basmati
1 poulet (1,5 kg)
  prêt à cuire
5 cuillères à soupe
  de ghi * ou de
  beurre
1 bâton de cannelle
  de 5 cm *
8 clous de girofle
6 gousses de
  cardamome *
2 gousses d'ail
  écrasées
1/2 cuillère à café
  de poivre de
  Cayenne *
1 cuillère à soupe de
  grains de fenouil *
5 cuillères à soupe
  de yaourt nature
1 dose de safran en
  poudre *
1 1/2 cuillère à café
  de sel
environ 60 cl de
  bouillon de poule
POUR DÉCORER :
4 cuillères à soupe
  de ghi * ou de
  beurre
2 gros oignons
  émincés

Lavez le riz sous l'eau froide, puis laissez-le tremper 30 minutes dans de l'eau froide : égouttez-le. Retirez la peau du poulet et coupez-le en morceaux.

Dans le ghi chaud d'une cocotte, faites revenir 30 secondes la cannelle, les clous de girofle, la cardamome, puis 30 secondes l'ail, le poivre de Cayenne et le fenouil.

Ajoutez le poulet, tournez 5 minutes, puis incorporez peu à peu le yaourt, couvrez et laissez mijoter 25 minutes.

Ajoutez le riz, le safran, salez et tournez. Versez le bouillon de façon à ce qu'il recouvre le riz de 5 mm, portez à ébullition. Baissez le feu, couvrez et laissez cuire 20 minutes ; le liquide doit être complètement absorbé.

Dans le ghi chaud d'une poêle, faites dorer l'oignon. Disposez le riz sur un plat de service chaud et décorez avec l'oignon.

Pour 6 personnes

Pilaf de crevettes

350 g de riz basmati
6 cuillères à soupe
  de ghi * ou de
  beurre
1 cuillère à soupe de
  grains de
  coriandre écrasés *
1/2 cuillère à café
  de curcuma *
1 petit ananas coupé
  en cubes
250 g de crevettes
  décongelées
1 cuillère à café de
  sel
environ 60 cl de
  bouillon de poule
  ou de fumet de
  poisson
POUR DÉCORER :
2 cuillères à soupe
  de ghi * ou de
  beurre
2 cuillères à soupe
  de raisins secs
2 cuillères à soupe
  de noix de cajou
2 œufs durs coupés
  en quatre
2 cuillères à soupe
  de coriandre
  hachée *

Lavez le riz sous l'eau froide et laissez-le tremper 30 minutes dans de l'eau froide ; égouttez-le.

Dans le ghi chaud d'une cocotte, faites revenir 30 secondes les grains de coriandre, ajoutez et tournez le curcuma, puis faites revenir 30 secondes l'ananas. Ajoutez les crevettes, le riz, salez (si vous utilisez du bouillon-cube, ne salez pas). Tournez 1 minute, puis versez le bouillon de sorte qu'il recouvre le riz de 5 mm. Portez à ébullition, couvrez et laissez cuire à feu très doux 25 minutes ; le liquide doit être totalement absorbé.

Pendant ce temps, dans le ghi chaud d'une petite casserole, faites revenir 2 minutes les raisins et dorer les noix de cajou ; les raisins doivent gonfler.

Disposez le pilaf sur un plat de service chaud et incorporez délicatement les raisins et les noix de cajou. Disposez les œufs sur le bord du plat, saupoudrez de coriandre et servez.

Pour 6 personnes

Riz pilaf

Le riz pilaf est originaire du Moyen-Orient. Il peut aller du simple riz épicé au plat le plus compliqué avec de la viande et des légumes. Les garnitures du riz pilaf comprennent des œufs durs, des amandes effilées, des pistaches, des rondelles d'oignons frites, des raisins secs ou même, pour le riz navrattan, plat orange, vert et blanc, du papier argent ou or.

Vous pouvez le préparer à l'avance, puis le réchauffer au four. Couvrez le plat d'un couvercle ou de papier aluminium et laissez-le 30 minutes dans un four à 180°.

Riz frit ; riz pilaf

Riz frit

4 cuillères à soupe
d'huile
250 g de riz long
3 gousses d'ail,
émincées
2 cuillères à café de
gingembre * haché
6 ciboules hachées
30 cl de bouillon de
poule
125 g de
champignons de
Paris émincés
50 g de jambon de
Paris, en dés
50 g de crevettes
décortiquées
2 cuillères à soupe
de sauce soja *
50 g de petits pois
surgelés
1 cuillère à soupe de
coriandre * hachée

Faites chauffer l'huile dans un wok
ou dans une poêle, ajoutez le riz et
faites-le dorer 5 minutes. Ajoutez
l'ail, le gingembre, les ciboules et
tournez bien. Versez dessus le
bouillon de poule bouillant de façon
à juste couvrir le riz ; mettez le
couvercle, et laissez frémir
10 minutes en tournant de temps en
temps.
   Ajoutez les champignons et faites
cuire 2 minutes. Complétez avec le
reste des ingrédients et mélangez
bien. Laissez cuire encore 5 minutes,
en tournant de temps en temps.
   Disposez sur un plat chaud et
servez aussitôt.
Pour 4 à 6 personnes

Riz pilaf

1/2 cuillère à café
de brins de
safran *
3 cuillères à soupe
d'eau bouillante
6 cuillères à soupe
d'huile
5 cm de cannelle *
6 gousses de
cardamome *
4 clous de girofle
3 oignons émincés
2 gousses d'ail
écrasées
2 cuillères à café de
gingembre * haché
250 g de riz basmati
60 cl de bouillon de
bœuf
1 cuillère à café de
sel
quartiers de citron
vert
amandes effilées,
grillées

Faites tremper le safran dans l'eau
15 minutes.
   Faites chauffer l'huile dans un
wok ou une sauteuse ; ajoutez la
cannelle, les gousses de cardamome,
les clous de girofle et faites revenir
quelques secondes. Ajoutez les
oignons et laissez dorer 10 minutes.
Ajoutez l'ail, le gingembre, le riz et
faites revenir 5 minutes, en tournant
de temps en temps.
   Ajoutez le bouillon et le sel, portez
à ébullition, puis laissez frémir
10 minutes, sans couvrir. Versez
dedans le safran et son eau,
augmentez le feu et faites cuire
2 minutes, jusqu'à ce que le riz soit
tendre et l'eau absorbée.
   Disposez sur un plat chaud,
décorez de quartiers de citron vert,
et parsemez d'amandes.
Pour 4 personnes

Feuilles de lotus farcies

8 feuilles de lotus *
1 cuillère à soupe
    d'huile
1 gousse d'ail
    écrasée
3 ciboules hachées
130 g de
    champignons de
    Paris, émincés
50 g de jambon cuit,
    coupé en dés
130 g de poulet cuit,
    coupé en dés
quelques petits pois
50 g de pousses de
    bambou *,
    égouttées et
    hachées
180 g de riz cuit
2 cuillères à soupe
    de sauce soja *
2 cuillères à soupe
    de vin blanc sec

Faites tremper les feuilles de lotus
30 minutes dans l'eau chaude.
Égouttez-les soigneusement.

Faites chauffer l'huile dans une
sauteuse. Ajoutez l'ail, la ciboule, et
faites revenir 1 minute tout en
tournant. Ajoutez le reste des
ingrédients, à l'exception des feuilles
de lotus ; faites cuire 2 minutes.

Coupez chaque feuille de lotus en
2 ou 3 morceaux. Déposez une noix
de farce au milieu de chacun.
Repliez-les et attachez chaque
paquet avec une ficelle. Mettez-les
dans une marmite à vapeur et faites-
les cuire à feu vif 15 à 20 minutes.

Disposez les paquets sur un plat
de service chaud et servez
immédiatement. Chaque convive
ouvre lui-même ses paquets.

Pour 4 à 6 personnes

Nouilles Dan-Dan

500 g de nouilles
sel
2 cuillères à soupe
    de pâte de graines
    de sésame *
6 ciboules hachées
2 gousses d'ail
    écrasées
1 morceau de
    gingembre * haché
    fin
1 cuillère à soupe de
    sauce soja *
2 cuillères à café de
    vinaigre
90 cl de bouillon de
    bœuf ou de poule
2 cuillères à café de
    pili-pili *
    (facultatif)

Faites cuire les nouilles dans de l'eau
bouillante salée. Le temps de cuisson
est généralement indiqué sur le
paquet. Elles doivent être al dente.
Égouttez et gardez au chaud.

Délayez la pâte de sésame dans
4 cuillères à soupe d'eau. Versez le
mélange dans une casserole avec les
autres ingrédients, à l'exception du
bouillon et du pili-pili. Faites cuire à
feu moyen en remuant fréquemment,
environ 5 minutes.

Pendant ce temps, portez à
ébullition le bouillon. Laissez
frissonner 2 minutes.

Répartissez les nouilles et la sauce
chaude dans 4 bols individuels.
Mouillez avec le bouillon chaud.
Assaisonnez avec le pili-pili. Servez.

Pour 4 personnes

Riz à la vapeur

1,5 l d'eau
sel
225 g de riz long

Mettez l'eau dans une grande casserole, ajoutez le sel et portez à ébullition. Ajoutez le riz, et laissez frémir 10 minutes.

Faites égoutter le riz dans une passoire. Placez celle-ci sur une casserole d'eau bouillante, couvrez d'un linge et posez dessus un couvercle. Faites cuire 15 minutes à la vapeur jusqu'à ce que le riz soit à la fois moelleux et sec. Mettez dans un plat chaud et servez aussitôt.

Pour 4 personnes

Riz long grain

En Inde, on compte 275-350 g de riz par personne alors qu'un Occidental en consomme environ 75-125 g. Il existe 7 000 variétés de riz. En Chine, un jeune apprenti recevait un sac de riz de 15 kg par mois. Le riz était utilisé comme monnaie ou bien distribué à la famille et aux relations. Son importance a créé de nombreuses coutumes et dictons : par exemple les enfants doivent manger jusqu'au dernier grain, le riz de leur bol, car chaque grain non mangé se transformera en pustule sur leurs visages. Renverser du riz porte malheur. Casser votre vol de riz signifie que vous quitterez votre travail.

Riz aux légumes

2 cuillères à s...
d'huile
2 poireaux co...
rondelles
1 morceau de...
gingembre...
fin
1 gousse d'ail...
émincée
250 g de riz...
grain
sel
250 g de feui...
vertes (chou...
épinards,...
émincées

Chow mein aux fruits de mer

*4 champignons
   parfumés
500 g de nouilles
   chinoises
sel
2 cuillères à soupe
   d'huile
4 ciboules hachées
2 gousses d'ail
   émincées
1 morceau de
   gingembre* haché
   fin
50 g de crevettes
   décortiquées,
   décongelées
130 g de seiche, en
   tranches
   (facultatif)
1 boîte de palourdes
   égouttées (225 g)
2 cuillères à soupe
   de vin blanc sec
1 cuillère à soupe de
   sauce soja**

Faites tremper les champignons
15 minutes dans l'eau chaude.
Pressez-les bien pour en extraire
l'eau, équeutez-les et coupez les têtes
en lamelles.

Faites cuire les nouilles à l'eau
bouillante salée 7 à 8 minutes. Elles
doivent être *al dente*. Égouttez-les.
Rincez-les à l'eau froide. Réservez.

Faites chauffer l'huile dans une
sauteuse. Ajoutez la ciboule, l'ail, le
gingembre, et faites revenir
30 secondes tout en remuant.
Incorporez les champignons, les
crevettes, la seiche. Faites cuire
2 minutes. Ajoutez le reste des
ingrédients, puis incorporez peu à
peu les nouilles, délicatement. Faites
chauffer le tout.

Versez le mélange dans un plat de
service chaud et servez
immédiatement.
Pour 4 à 6 personnes

Chow mein à la viande et aux légumes

*2 carottes
3 branches de céleri
1/2 concombre
1-2 piments verts*,
   épépinés
1 gousse d'ail
2 cuillères à soupe
   d'huile
350 g de porc haché
4 ciboules coupées
   en rondelles
1 petit poivron vert,
   épépiné et émincé
1 cuillère à soupe de
   sauce soja*
2 cuillères à soupe
   de pâte de soja
   sucrée*
1 cuillère à soupe de
   vin blanc sec
350 g de nouilles
   cuites*

Coupez en fines lanières les carottes,
le céleri et le concombre. Coupez les
piments et l'ail en fines lamelles.

Faites chauffer l'huile dans une
sauteuse. Ajoutez l'ail, les piments,
et faites sauter à feu vif environ
30 secondes. Ajoutez le porc. Faites
cuire 2 minutes. Augmentez le feu,
ajoutez les légumes et faites cuire
encore 1 minute. Incorporez la sauce
soja, la pâte de soja, le vin blanc et
les nouilles. Remuez bien et faites
chauffer le tout.

Versez sur un plat de service
chaud et servez immédiatement.
Pour 4 à 6 personnes

Dim sum farcis

500 g de farine
1 pincée de levure
   chimique
1 pincée de sel
20-25 cl d'eau huile
   à friture
FARCE :
350 g de porc haché
1 cuillère à soupe de
   sauce soja*
1 cuillère à soupe de
   vin blanc sec
2 cuillères à soupe
   d'huile de
   sésame*
2 ciboules hachées
   fin
1 morceau de
   gingembre* haché
   fin
130 g de pousses de
   bambou*,
   égouttées et
   hachées
POUR DÉCORER :
fleurs de radis*
ciboule

Tamisez la farine, la levure et le sel dans une jatte. Mouillez avec suffisamment d'eau pour obtenir une pâte consistante. Partagez-la en deux. Pétrissez chaque morceau sur une surface farinée. Formez une miche de 5 cm de diamètre. Découpez les 2 miches en 14 tranches égales. Étalez-les jusqu'à ce qu'elles atteignent 4 cm de diamètre.

Mélangez tous les ingrédients de la farce. Déposez une noix de celle-ci au milieu de chaque petit rond de pâte. Refermez en pinçant les bords.

Disposez les Dim Sum sur un morceau de mousseline humide, dans une marmite à vapeur. Faites cuire 20 minutes à feu vif. Égouttez.

Faites chauffer l'huile dans une friteuse. Ajoutez les Dim Sum et faites-les frire 5 à 6 minutes. Ils doivent être complètement dorés. Égouttez sur du papier absorbant.

Servez immédiatement, décoré de fleurs de radis et de ciboule.

Pour 4 à 6 personnes

Couronne de riz aux crevettes

350 g de riz long
sel
brins de safran*
1 cuillère à soupe
   d'huile
1 cuillère à soupe de
   curry
8 ciboules hachées
1 poivron rouge
   haché
50 g de pignons
75 g de raisins secs
250 g de crevettes
   décortiquées
SAUCE :
4 cuillères à soupe
   d'huile
2 cuillères à soupe
   de vinaigre de vin
1 cuillère à café de
   moutarde
2 cuillères à soupe
   de coriandre
   hachée*
POUR DÉCORER :
quartiers d'orange
feuilles de coriandre

Faites cuire le riz à l'eau bouillante salée, additionnée de quelques brins de safran, 20 minutes ; le liquide doit être absorbé.

Pendant ce temps, mélangez les ingrédients de la sauce. Incorporez le riz égoutté, pendant qu'il est encore chaud. Laissez refroidir légèrement.

Dans l'huile chaude d'une poêle, faites revenir le curry, les ciboules, le poivron, les pignons, les raisins et tournez 2 minutes. Ajoutez le riz et laissez refroidir. Incorporez les crevettes, puis versez dans un moule à savarin huilé, tassez bien et laissez au frais jusqu'au moment de servir.

Démoulez sur un plat de service, et décorez avec les quartiers d'orange et les feuilles de coriandre.

Pour 4 à 6 personnes

Dim sum

Les boulettes chinoises, ou dim sum, peuvent être salées (farcies avec de la viande ou des fruits de mer) ou sucrées (garnies de confiture). Dans certains restaurants chinois vous pouvez les commander au menu, mais traditionnellement, elles attendent en permanence dans des paniers à vapeur en bois, et des femmes vont de table en table pour les proposer. Chaque petit panier contient deux à quatre boulettes. Les plus courantes sont : boulettes aux crevettes, au bœuf, au poulet sauce haricot de soja ou aux feuilles de lotus farcies au riz. Il y a des boulettes frites : croquettes de jambon, rouleaux de printemps, raviolis frits, crevettes en papillote. Il existe aussi des dim sum sucrés.

A GAUCHE : *Chow-mein aux fruits de mer ; chow-mein à la viande et aux légumes*
A DROITE : *couronne de riz aux crevettes*

PAINS ET ACCOMPAGNEMENTS

C'est une erreur de croire que le riz est la seule forme de féculent disponible en Extrême-Orient. Dans les régions septentrionales de l'Inde et du Pakistan où l'on cultive du blé, on mange diverses formes de pain.

La plupart des pains sont sans levain et faits à partir de farine complète, généralement de forme ronde et plate. On peut les cuire sur une tôle, dans un tandoor, ou four en terre, ou les frire. Dans les pages qui suivent, vous trouverez les plus courants des pains indiens : puri, nân et chapati.

Dans l'alimentation chinoise, le pain a aussi une petite place, surtout dans le nord. Les pains sans levain comprennent les petites crêpes chinoises qui, grâce à leur texture molle et un soupçon d'huile de sésame, enveloppent à la perfection le riche canard de Pékin.

Quand vous allez dans un restaurant oriental, on vous offre généralement un choix de chutneys et de pickles pour accompagner votre repas. Un plat sans accompagnement est considéré comme un tableau sans cadre. Le choix que nous vous proposons comprend des chutneys, des salades épicées de légumes et de fruits, des pickles destinés à adoucir, épicer, ou prolonger les arômes des plats.

Les plats orientaux, surtout ceux de l'Inde, du Pakistan, de la Malaisie et de l'Indonésie comprennent fréquemment des raïtas à bases de yaourt et des sambals violemment épicés comme le sambal bajak ou le Sambal aux piments rouges. Si vous ignorez le goût de vos invités, servez plutôt un curry doux.

Puri ; nân

Nân

15 g de levure de
   boulanger
1/4 cuillère à café
   de sucre
2 cuillères à soupe
   d'eau chaude
500 g de farine
1 cuillère à café de
   sel
15 cl de lait tiède
15 cl de yaourt
   nature (à
   température
   ambiante)
2 cuillères à soupe
   de beurre fondu
   ou d'huile de
   table
POUR DÉCORER :
2-3 cuillères à soupe
   de beurre fondu
1 cuillère à soupe de
   graines de pavot
   ou de sésame*

Dans une jatte faites dissoudre la levure et le sucre avec l'eau, puis laissez dans un endroit chaud 15 minutes ; la surface doit être mousseuse.

Tamisez la farine et le sel dans une grande jatte. Faites un trou au centre, ajoutez et mélangez la levure, le lait, le yaourt et le beurre. Quand cela forme une pâte lisse, pétrissez-la 10 minutes sur une surface farinée ; elle doit être élastique. Mettez-la dans une jatte, couvrez d'un linge et laissez-la dans un endroit chaud 1 à 1 heure 30 ; elle doit doubler de volume.

Pétrissez-la quelques minutes sur une surface farinée, puis divisez-la en 6 morceaux que vous étalerez en cercles.

Posez-les sur une plaque chaude et faites cuire 10 minutes dans un four à 240°. Badigeonnez de beurre, saupoudrez de pavot ou de sésame, et servez chaud.

Pour 6 nân

Puri

250 g de farine
   complète, ou
   moitié farine
   blanche moitié
   farine complète
1/2 cuillère à café
   de sel
15 cl d'eau environ
1 cuillère à café de
   ghi fondu*
huile à friture

Tamisez la farine et le sel dans une jatte. Faites un trou au centre, incorporez l'eau peu à peu ; quand cela forme une pâte, incorporez le ghi et pétrissez 10 minutes. La pâte doit être souple. Couvrez et laissez de côté 10 minutes.

Divisez la pâte en 16 morceaux. Avec vos mains huilées, donnez-leur la forme d'une boule. Huilez légèrement une plaque et le rouleau à pâtisserie, puis étalez chaque boule en un fin cercle de pâte.

Plongez-les dans la friture et laissez-les dorer des deux côtés. Égouttez-les et servez-les aussitôt.

Pour 16 puri

Pains indiens

Le nân, pain traditionnel de l'Inde du Nord, est cuit dans un four en argile, le tandoor. La pâte est roulée en une forme ovale, puis on la plaque sur les parois du four ; son poids l'étire et lui donne la forme d'une larme. On sert le nân avec du poulet tandoori ou des brochettes, mais aussi avec certains currys secs.

Les puri sont des galettes frites croustillantes. Elles accompagnent bien les currys de légumes.

Les pura sont des crêpes faites avec de la farine de pois chiches. Utilisez une poêle anti-adhésive pour les préparer. Elles servent d'accompagnement aux légumes épicés et aux currys secs.

Les chapati parfumés sont délicieux. N'importe quel légume convient pourvu qu'il soit en purée et épicé. Utilisez une petite quantité de purée, autrement cela briserait la pâte. Pour ces chapati, il est plus facile de les faire avec de la menthe ou de la coriandre hachées.

Chapati à l'oignon

CHAPATI :
250 g de farine
complète
1 cuillère à café de
sel
20 cl d'eau (environ)
4 cuillères à café de
ghi* ou de beurre
clarifié fondu
GARNITURE :
2 oignons hachés fin
2 piments verts*,
hachés fin
1/2 cuillère à café
de sel

Pour la pâte, suivez la recette page 144, en ajoutant deux cuillères à café de beurre au mélange.

Mélangez les oignons, les piments, le sel ; passez-les au tamis et faites sortir tout le jus. mettez de côté pendant que vous préparez la pâte.

Partagez la pâte en 12 morceaux. Roulez chacun d'eux sur une surface farinée pour obtenir des ronds minces. mettez au milieu un peu de mélange oignons et piments, pliez la pâte, formez une boule et aplatissez-la pour former un cercle.

Faites cuire comme les chapati en vous servant du reste de beurre pour graisser la poêle. Servez chaud.

Pour 12 chapati

Pura

125 g de farine de
pois chiches*
1/2 cuillère à café
de sel
1/2 à 1 cuillère à
café de poivre de
Cayenne
1/4 cuillère à café
de bicarbonate de
soude
30 cl d'eau chaude
huile à friture

Tamisez dans une jatte les ingrédients secs. Versez l'eau dessus et battez pour obtenir une pâte.

Faites chauffer 1 cuillère à café d'huile dans une petite poêle non adhésive. Versez dedans 1 cuillère à soupe de pâte étalez-la sur le fond avec le dos de la cuillère. Faites cuire 1 minute de chaque côté. Recommencez avec le reste de pâte, en ajoutant de l'huile si c'est nécessaire. Pliez chaque pura en deux et servez chaud.

Pour 10 pura

Chapati à l'oignon ; pura

Chutney à la tomate

1 kg de tomates en quartiers
15 cl de vinaigre
250 g de sucre
125 g de raisins de Corinthe
125 g de raisins de Smyrne
25 g d'amandes effilées
4 gousses d'ail émincées
25 g de gingembre* haché fin
1 cuillère à soupe de poivre de Cayenne*
sel

Mettez les tomates et le vinaigre dans une grande casserole et faites chauffer lentement jusqu'à ce que le jus commence à frémir. Ajoutez le sucre et portez à ébullition. Faites mijoter 5 minutes.

Ajoutez le reste des ingrédients et laissez frémir 30 minutes ou jusqu'à ce que le mélange ait épaissi.

Laissez refroidir, puis versez dans des pots stérilisés, couvrez d'un rond de paraffine et fermez avec un couvercle à vis. Gardez dans un endroit frais.
Pour 1,5 kg environ

Chutney à la tomate ; aubergines au vinaigre

Chutney au gingembre

15 cl de jus de citron
25 g de sucre
140 g de gingembre* haché fin
75 g de raisins de Smyrne
1 gousse d'ail écrasée
sel

Passez tous les ingrédients au mixeur pour obtenir une purée homogène.

Mettez le mélange dans un petit récipient, au réfrigérateur jusqu'au moment de servir. Se conserve 2 jours.
Pour 30 cl environ

Aubergines au vinaigre

1 kg d'aubergines en tranches fines
1 cuillère à soupe de sel
30 cl d'eau chaude
125 g de tamarin *
50 g de graines de cumin *
25 g de piments rouges * secs
50 g de gingembre * haché
50 g d'ail
30 cl de vinaigre
15 cl d'huile
2 cuillères à café de graines de moutarde *
250 g de sucre

Saupoudrez de sel les aubergines et mettez-les 30 minutes à égoutter dans une passoire. Versez l'eau chaude sur le tamarin et laissez tremper 20 minutes. Passez au tamis fin et mettez de côté.

Passez au mixeur le cumin, les piments, le gingembre, l'ail et 2 cuillères à soupe de vinaigre pour obtenir une pâte.

Faites chauffer l'huile dans une grande casserole et faites revenir les graines de moutarde jusqu'à ce qu'elles grésillent. Ajoutez rapidement la pâte d'épices, et faites revenir 2 minutes en tournant. Ajoutez l'aubergine, l'eau de tamarin, le reste du vinaigre, le sucre et mélangez bien. Portez à ébullition, puis laissez mijoter 30 à 35 minutes, jusqu'à ce que le mélange ait épaissi.

Laissez refroidir ; mettez en bocaux comme le chutney de tomates (à gauche).
Pour 1,5 kg environ

Variantes

Préparez le chutney à la tomate pendant la pleine saison de ce légume, il n'en sera que meilleur. Vous pouvez remplacer les raisins secs par des abricots secs trempés une nuit. Ce chutney accompagne bien les currys, mais aussi les viandes rôties. Si vous aimez les chutneys sucrés, ajoutez 50 g de sucre.

Les aubergines au vinaigre plairont aux amateurs de plats relevés. Vous pouvez diminuer la quantité de piments, mais cela perdra de son originalité.

Sambal bajak

*2 cuillères à soupe
d'huile
3 petits oignons
hachés
4 gousses d'ail
hachées
1 cuillère à café de
blachan * ou pâte
de crevettes
125 g de piments
rouges * hachés
4 cuillères à soupe
de jus de citron
vert
1 cuillère à café de
sel
1 cuillère à café de
sucre roux*

Faites chauffer l'huile dans une petite poêle, et faites dorer les oignons et l'ail. Ajoutez le blachan ou la pâte de crevette, faites revenir 1 minute, en tournant et en écrasant.

Ajoutez le reste des ingrédients et faites revenir 5 minutes en tournant, jusqu'à ce que le mélange soit presque sec.

Laissez refroidir, puis mettez dans un pot. Couvrez et conservez au réfrigérateur.

Pour 4 personnes

Bouquet aux épices

*1 cuillère à soupe
d'huile
1 cuillère à café de
graines de
moutarde *
1 cuillère à café de
graines de
fenugrec *
(facultatif)
1 cuillère à café de
curcuma *
1 ou 2 cuillères à
café de poivre de
Cayenne *
6 cuillères à soupe
d'eau
250 g de crevettes
bouquet, crues,
décortiquées
jus de 3 citrons verts
1 cuillère à café de
sel*

Chauffez l'huile dans une casserole et faites revenir 30 secondes les graines de moutarde et de fenugrec. Quand elles commencent à grésiller, ajoutez le curcuma, le poivre de Cayenne et 2 cuillères à soupe d'eau. Mélangez bien et faites revenir 2 minutes.

Ajoutez les crevettes bouquet et faites revenir 2 minutes. Ajoutez le reste d'eau et laissez frémir 10 minutes. Écrasez grossièrement les crevettes, ajoutez le jus des citrons et le sel. Laissez frémir environ 15 minutes, jusqu'à ce que le liquide soit absorbé et le mélange bien épais.

Servez froid.

Pour 4 personnes

Gombos farcis ; bouquet aux épices

Gombos farcis

*10 gousses d'ail
hachées fin
6 piments verts *,
hachés fin
1 morceau de
gingembre * de
8 cm, haché fin
4 cuillères à soupe
de menthe hachée
fin
1 cuillère à café de
sel
500 g de gombos,
extrémités retirées
et fendus sur un
côté
60 cl de vinaigre de
vin
sucre*

Mélangez bien l'ail, les piments, le gingembre, la menthe et le sel. Garnissez les gombos avec ce mélange et rangez-les sur un plat. Sucrez le vinaigre à votre goût et versez-le sur les gombos.

Couvrez le plat de film alimentaire et gardez au frais 12 à 24 heures, pour mélanger les saveurs.

Servez frais, décoré de feuilles de menthe.

Pour 4 personnes

Chāt

250 g de tamarin *
1 cuillère à café de
    poivre de
    Cayenne *
sel
sucre
1 petit oignon haché
2 piments verts *,
    émincés fin
1 morceau de
    gingembre * de
    2,5 cm, en lanières
1 de chaque : poire,
    pomme, banane ou
    goyave, mangue
    (ou autres fruits)
    en petits
    morceaux

Mettez le tamarin dans une jatte, couvrez-le d'eau chaude et mettez de côté 3 heures ou toute la nuit.

Versez le tamarin et l'eau dans un tamis au-dessus d'une casserole et, avec les doigts, pressez pour faire sortir le maximum de pulpe. Jetez la cosse et les graines. Ajoutez le poivre de Cayenne, salez, sucrez selon votre goût, et faites frémir doucement 15 à 20 minutes. Versez dans une jatte et laissez refroidir.

Ajoutez les oignons, les piments, le gingembre et les fruits. Couvrez la jatte et mettez à rafraîchir avant de servir.

Pour 4 personnes

Rujak

25 g de tamarin *
2 cuillères à soupe
    d'eau chaude
1/2 petit ananas en
    morceaux
1/2 concombre en
    tranches fines
1 orange en
    quartiers
1 pamplemousse en
    quartiers
1 mangue ferme ou
    une pomme
    épluchée, coupée
    en tranches
2 piments rouges *
    émincés fin
1 cuillère à café de
    nuoc-mâm * ou de
    sauce soja *
1 cuillère à soupe de
    sucre roux

Faites tremper le tamarin dans l'eau 30 minutes, égouttez, pressez bien pour essorer toute l'eau. Jetez le tamarin.

Mettez les fruits et le concombre dans une jatte. Mélangez bien le reste des ingrédients et versez-les sur les fruits. Tournez pour mélanger. Mettez de côté quelques minutes, puis servez.

Pour 4 personnes

Sambal à l'aubergine

1 belle aubergine
1 petit oignon, haché
    fin
3 piments verts *,
    hachés fin
1 cm de gingembre *
    en fines lanières
2 cuillères à soupe
    de lait de coco *
    épais
1/2 cuillère à café
    de sel
jus de citron

Placez l'aubergine sur une plaque à pâtisserie, et faites-la cuire 30 minutes dans un four à 180°, pour la ramollir. Laissez un peu refroidir, puis fendez-la, retirez la chair que vous mettez dans une jatte.

Écrasez la chair de l'aubergine à la fourchette et mélangez avec le reste des ingrédients. Goûtez et rectifiez l'assaisonnement. Servez frais.

Pour 4 personnes

Sauces aux fruits

Chāt et rujak : l'un du nord de l'Inde, l'autre de Java. Tous deux servent d'accompagnement et comprennent parfois des légumes : ajoutez une patate douce cuite pelée, coupée en cubes au chāt ; du concombre en rondelles et des haricots verts cuits à la vapeur au rujak.

Vous pouvez préparer le chāt avec des fruits secs (trempés toute une nuit) ou bien avec un seul fruit frais – par exemple une banane.

Serundeng

huile
175 g de cacahuètes
non salées
1 petit oignon en
quartiers
2 gousses d'ail
1 cm de gingembre *
1/2 cuillère à café
de cumin * moulu
1 cuillère à café de
coriandre *
moulue
1 cuillère à soupe de
jus de citron
75 g de noix de coco
déshydratée
1 cuillère à café de
sel
1 cuillère à café de
sucre

Huilez le fond d'une poêle non adhésive. Faites-la chauffer et mettez les cacahuètes. Faites-les revenir jusqu'à ce qu'elles soient dorées. Mettez-les sur une assiette et laissez-les refroidir.

Passez au mixeur l'oignon, l'ail, le gingembre, le cumin, la coriandre et le jus de citron pour obtenir une pâte homogène.

Mettez 2 cuillères à soupe d'huile dans la poêle et faites revenir 1 minute la pâte d'épices. Ajoutez la noix de coco, le sel, le sucre et faites revenir 20 à 30 minutes à petit feu en tournant, jusqu'à ce que ce soit doré et croustillant. Disposez sur un petit plat et laissez refroidir.

Mélangez les cacahuètes et servez.
Pour 4 personnes

A GAUCHE : rujak ; chāt
CI-DESSOUS : chutney de coriandre ; serundeng ; sambal aux piments rouges

Chutney de coriandre

25 g de noix de coco
déshydratée
150 g de yaourt
nature
100 g de coriandre
(y compris
quelques tiges) *
1 piment vert *
jus de 1 citron
1 cuillère à café de
sel
1 cuillère à café de
sucre

Mélangez la noix de coco avec le yaourt et laissez 1 heure. Passez au mixeur avec le reste des ingrédients. Mettez à glacer avant de servir.
Pour 4 personnes

Sambal aux piments rouges

125 g de piments
rouges *
2 cuillères à soupe
de jus de citron
vert ou de vinaigre
1 cuillère à café de
sucre
1 cuillère à café de
sel

Passez au mixeur tous les ingrédients jusqu'à ce que les piments soient pulvérisés. Rectifiez l'assaisonnement. Se conserve longtemps au réfrigérateur, en bocal à couvercle vissé.
Pour 4 personnes

Légumes au vinaigre à la cantonaise

250 g de daikon*
coupé en bâtonnets
3 carottes coupées en
bâtonnets
1 concombre coupé
en bâtonnets
1 cuillère à soupe de
sel
8 cuillères à soupe
de sucre
8 cuillères à soupe
de vinaigre de riz*
ou vinaigre de
cidre
12 lamelles très
minces de
gingembre*

Mettez le daikon, les carottes et le concombre dans une passoire. Ajoutez le sel et mélangez bien. Couvrez et laissez en attente 3 heures.

Essorez bien le mélange de légumes, puis mettez-le dans une grande jatte. Mélangez le sucre et le vinaigre dans un petit bol, et versez-les sur les légumes. Ajoutez le gingembre. Tournez pour bien mélanger. Couvrez et mettez au réfrigérateur toute la nuit, ou, au minimum, 3 heures.

Au moment de servir, retirez les légumes avec une écumoire et disposez-les dans un plat.

Pour 6 à 8 personnes

Épinards sauce sésame

SAUCE AUX GRAINES
DE SÉSAME :
4 cuillères à soupe
de graines de
sésame* grillées
20 cl de bouillon de
poisson
5 cl de sauce soja*
5 cl de mirin* ou de
vin blanc sec et
1 cuillère à soupe
de sucre
1,2 l d'eau
Sel
500 g d'épinards
frais, lavés et
équeutés
15 g de bonite*
sèche, émiettée

Écrasez dans un mortier les graines de sésame, puis mettez-les dans une jatte moyenne. Ajoutez le reste des ingrédients de la sauce et bien mélanger. Couvrez et mettez de côté.

Mettez l'eau et le sel dans une grande casserole et portez rapidement à ébulittion. Jetez dedans les épinards et faites les cuire 1 minutes, égouttez et passez sous l'eau froide. Secourez bien et pressez pour extraire toute l'eau. Roulez les épinards pour former un cylindre de 3 cm, puis coupez en 8 morceaux de même taille.

Répartissez les épinards sur 4 petits plats, versez la sauce. Couvrez et mettez 15 minutes au frais.

Au momet de servir, parsemez de bonite émiettée.

Pour 4 personnes

Achards

Ce condiment malais se conserve plusieurs mois au réfrigérateur si vous le mettez dans un bocal stérilisé et hermétiquement clos.

60 cl de vinaigre
blanc
3 carottes coupées en
bâtonnets
1 concombre non
épluché, coupé en
bâtonnets
250 g de chou-fleur
en bouquets
300 g de cacahuètes
salées, moulues
300 g de graines de
sésame* grillées
250 g de cassonade
3 piments rouges*
hachés
3 piments verts*
hachés
20 cl d'huile
5 gousses d'ail
hachées
2 cuillères à café de
curcuma* moulu
sel

Dans une grande casserole, portez le vinaigre à ébullition sur feu modéré. Ajoutez les carottes et faites bouillir 1 minute. Retirez-les du vinaigre avec une petite écumoire, en secouant bien pour égoutter. Mettez-les dans une grande jatte. Pratiquez de la même façon pour le concombre et pour le chou-fleur. Le vinaigre pourra servir à d'autres usages. Ajoutez aux légumes les cacahuètes, les graines de sésame, le sucre, les piments, et mélangez bien pour enrober. Couvrez et mettez de côté.

Faites chauffer l'huile sur feu modéré dans une grande poêle. Ajoutez l'ail, le curcuma, salez selon votre goût, et faites cuire 2 ou 3 minutes en tournant constamment. Retirez du feu et laissez refroidir complètement.

Versez le mélange d'ail sur les légumes et mélangez bien. Couvrez et mettez au réfrigérateur une nuit avant de servir.

Pour 1,2 l environ
(Illustration page 134)

Beignets de crevettes

Huile pour friture
Beignets de
crevettes*

Versez l'huile dans un wok ou une grande casserole ; chauffez à 180°.

Plongez y les beignets. Ils tomberont au fond, puis remonteront à la surface, au bout de 5 secondes, ayant triplé de volume. Retirez-les avec une écumoire et faites égoutter sur du papier absorbant. Servez avec un sambal ou en accompagnement.

Épinards sauce sésame ; beignets de crevettes

Paratha

250 g de farine
complète
1 cuillère à café de
sel
20 cl d'eau environ
50-75 g de ghi*
fondu ou de
beurre clarifié

Préparez la pâte de la même façon
que pour les chapati (voir ci-contre)
et divisez-la en six. Étalez chaque
morceau en un cercle fin,
badigeonnez de ghi et pliez en deux ;
recommencez encore une fois cette
opération. Étalez-les en cercles de
3 mm d'épaisseur.

Graissez légèrement une plaque ou
une poêle, faites cuire les paratha
1 minute à feu doux. Badigeonnez-
les légèrement de ghi et laissez
dorer.

Retirez-les et tenez-les au chaud
pendant que vous faites cuire le
reste. Servez chaud.
Pour 6 paratha

Chapati

250 g de farine
complète
1 cuillère à café de
sel
20 cl d'eau environ

Mettez la farine et le sel dans une
jatte, faites un trou au centre et
incorporez peu à peu l'eau. Pétrissez
la pâte 10 minutes, couvrez-la et
laissez-la dans un endroit frais
30 minutes. Pétrissez-la
vigoureusement, puis séparez-la en
12 morceaux. Étalez-les sur une
surface farinée en ronds minces.

Graissez légèrement une plaque ou
une poêle et faites cuire les chapati à
feu doux. Quand les boursouflures se
forment à la surface, retournez-les.
Quand ils prennent couleur, retirez-
les et tenez-les au chaud pendant
que vous faites cuire le reste.

Badigeonnez de beurre sur un côté
et servez chaud.
Pour 12 chapati

Paratha ; chapati

Salade de carottes

125 g de carottes
*r
âpées*
25 g d'oignons râpés
1/2 cuillère à soupe
de gingembre
*râpé**
1 cuillère à soupe de
menthe hachée
sel
1/2 cuillère à café
de sucre
1 cuillère à soupe de
jus de citron

Mélangez tous les ingrédients, couvrez et laissez 2 heures au réfrigérateur avant de service.
Pour 4 personnes

Raïta

100 g de concombre
coupé en fines
rondelles
sel
300 g de yaourt
nature
50 g de ciboules
coupées fin
1 piment vet épépiné
*et coupé fin**
Feuilles de
*coriandre**

Dans une passoire laissez dégorger le concombre 30 minutes avec le sel. Essuyez-le bien.

Dans une jatte mélangez le yaourt, le concombre, la ciboule et le piment. Mettez au frais. Décorez avec la coriandre.
Pour 4 personnes.
Note : vous pouvez préparer ce plat avec d'autres légumes, mais aussi avec des fruits – notamment des bananes.

Salade de carottes ; raïta

Zalata

*250 g de concombre
    pelé et coupé en
    rondelles
sel
1 piment vert coupé
    en rondelles*
1 cuillère à soupe de
    coriandre hachée*
2 cuillères à soupe
    de vinaigre
1/2 cuillère à café
    de sucre*

Dans une passoire laissez dégorger le concombre avec le sel 30 minutes. Essuyez-le, mettez-le dans un plat de service, mélangez avec le reste des ingrédients et mettez à glacer avant de servir.

Vous pouvez aussi passer au mixeur le concombre égoutté, le piment entier, la coriandre, le sucre, le sel ainsi qu'une gousse d'ail et 1/2 cuillère à soupe de vinaigre. Mettez le mélange obtenu à glacer au réfrigérateur avant de servir.
Pour 4 personnes

Salade de tomates

*1 oignon coupé fin
250 g de tomates
    pelées et coupées
    fin
1 piment vert coupé
    fin*
1-2 cuillères à soupe
    de vinaigre
sel*

Mettez l'oignon, les tomates et le piment dans un plat. Arrosez de vinaigre (il ne doit pas y avoir trop de liquide). Salez et mettez à glacer avant de servir.
Pour 4 personnes

CI-DESSUS : *salade de tomates ; mango chutney*
CI-DESSOUS : *zalata*

Mango chutney

*1 kg de mangues
    bien fermes
500 g de sucre
50 cl de vinaigre
5 cm de gingembre*
4 gousses d'ail
1/2 cuillère à café
    de poivre de
    cayenne*
1 cuillère à soupe de
    graines de
    moutarde*
2 cuillères à soupe
    de sel
125 g de raisins secs*

Pelez les mangues, coupez-les en petits morceaux et mettez-les de côté.

Dans une casserole faites frémir 10 minutes le sucre et le vinaigre (sauf la valeur de 1 cuillère à soupe).

Passez au mixeur le gingembre, l'ail, le reste de vinaigre. Tournez la pâte obtenue dans la casserole et laissez cuire 10 minutes.

Ajoutez les mangues, le reste des ingrédients, laissez cuire 25 minutes, en tournant quand cela épaissit.

Versez dans des bocaux, couvrez de paraffine, fermez, étiquetez. Le chutney se garde plusieurs mois.
Pour environ 1,25 kg de chutney

Chutney de crevettes

2 cuillères à soupe
  d'huile
1 oignon haché
2 piments rouges*
1 piment vert haché*
1/2 cuillère à café
  de cumin*
1/2 cuillère à café
  de curcuma*
1 gousse d'ail
  écrasée
2 cm de gingembre
  haché*
4 feuilles de curry
  écrasées*
150 g de crevettes
1 cuillère à soupe de
  vinaigre
sel

Dans l'huile chaude d'une poêle, faites dorer l'oignon. Écrasez dessus les piments secs. Ajoutez le piment vert, le cumin, le curcuma, l'ail, le gingembre et le curry, laissez revenir 2 minutes. Ajoutez les crevettes et faites revenir 2 minutes.

Versez le vinaigre, salez, laissez mijoter 4 minutes ; le liquide doit être évaporé. Servez chaud ou froid.
Pour 4 personnes

Chutney aux dattes

250 g de dattes
  dénoyautées et
  hachées
500 g de tomates
1 oignon haché
3 cm de gingembre
  haché*
1 cuillère à café de
  poivre de cayenne*
1 cuillère à café de
  sel
6 cuillères à soupe
  de vinaigre.

Mélangez tous les ingrédients dans une casserole. Portez à ébullition, laissez mijoter sans couvrir 45 minutes. Cela doit épaissir. Servez froid.
Pour 4 à 6 personnes

Chutney de crevettes ; chutney aux dattes

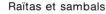

Raïtas et sambals

Le raïta est une salade du nord de l'Inde à base de yaourt, qui sert de rafraîchissement avec les currys très forts. Il y a des raïtas aux dattes et aux raisins secs, à la menthe, à l'ail, aux champignons, au citron. Servez-le dans de petits bols.

Le sambal et une spécialité du sud de l'Inde, à mi-chemin entre la salade et le condiment, que l'on sert chaud ou froid, mais qui est toujours piquant et épicé. Il est escellent avec les currys doux. Placez de petites cuillères sur le bord de votre assiette et plongez-y tour à tour les divers ingrédients.

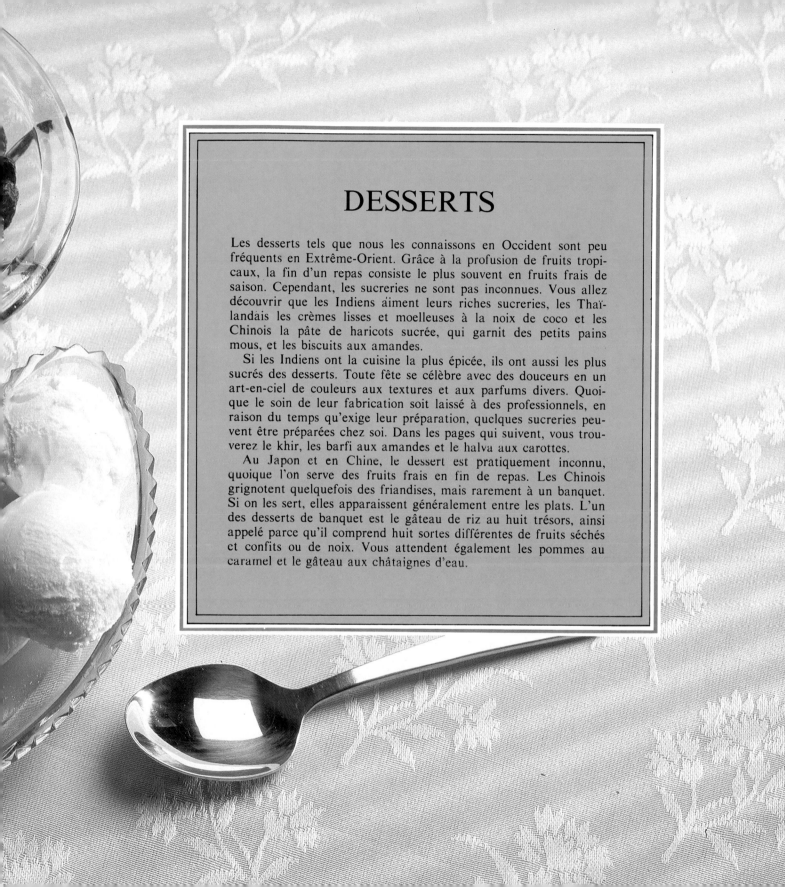

DESSERTS

Les desserts tels que nous les connaissons en Occident sont peu fréquents en Extrême-Orient. Grâce à la profusion de fruits tropicaux, la fin d'un repas consiste le plus souvent en fruits frais de saison. Cependant, les sucreries ne sont pas inconnues. Vous allez découvrir que les Indiens aiment leurs riches sucreries, les Thaïlandais les crèmes lisses et moelleuses à la noix de coco et les Chinois la pâte de haricots sucrée, qui garnit des petits pains mous, et les biscuits aux amandes.

Si les Indiens ont la cuisine la plus épicée, ils ont aussi les plus sucrés des desserts. Toute fête se célèbre avec des douceurs en un art-en-ciel de couleurs aux textures et aux parfums divers. Quoique le soin de leur fabrication soit laissé à des professionnels, en raison du temps qu'exige leur préparation, quelques sucreries peuvent être préparées chez soi. Dans les pages qui suivent, vous trouverez le khir, les barfi aux amandes et le halva aux carottes.

Au Japon et en Chine, le dessert est pratiquement inconnu, quoique l'on serve des fruits frais en fin de repas. Les Chinois grignotent quelquefois des friandises, mais rarement à un banquet. Si on les sert, elles apparaissent généralement entre les plats. L'un des desserts de banquet est le gâteau de riz au huit trésors, ainsi appelé parce qu'il comprend huit sortes différentes de fruits séchés et confits ou de noix. Vous attendent également les pommes au caramel et le gâteau aux châtaignes d'eau.

Barfi aux amandes

75 cl de lait
50 g de sucre en
* poudre*
50 g d'amandes en
* poudre*
6 gousses de
* cardamome pelées*
* et écrasées**

Faites réduire le lait comme dans la recette de mawa (ci-contre). Quand il est grumeleux, incorporez le sucre, les amandes et laissez cuire 2 minutes. Étalez sur une plaque beurrée, saupoudrez la cardamome. Servez chaud coupé en losanges.
Pour 4 personnes

Crème à l'eau de rose

1 kg de yaourt
* nature*
1 dose de safran en
* poudre**
2 cuillère à soupe de
* sucre en poudre*
1 cuillère à soupe
* d'eau de rose*
1-2 cuillères à café
* de graines de*
* cardamome*
* écrasées**
1 cuillère à soupe de
* pistaches*
* décortiquées et*
* pelées*

Faites égoutter le yaourt dans une mousseline au-dessus d'une jatte 6 heures. Vous devez obtenir environ 300 g de caillé. Battez-le dans une jatte avec le safran, sucrez-le. Incorporez peu à peu l'eau de rose ; cela doit avoir la consistance d'une crème épaisse. Couvrez et mettez au réfrigérateur jusqu'au moment de servir.
      Décorez avec la cardamome, les pistaches et servez.
Pour 4 personnes

Mawa

1,5 l de lait
3-4 cuillères à soupe
* de sucre en poudre*

Faites cuire le lait 45 minutes dans une casserole, en tournant de temps en temps pour qu'il ne brûle pas ; quand il a une consistance grumeleuse, ajoutez le sucre et laissez cuire encore 10 minutes.
      Étalez le mélange sur une plaque beurrée, coupez-le en morceaux et servez froid.
Pour 4 à 6 personnes

Halva aux carottes

1 l de lait
250 g de carottes
* râpées fin*
75 g de beurre
1 cuillère à soupe de
* mélasse*
125 g de sucre
50 g de raisins secs
1 cuillère à café de
* graines de*
* cardamome**
* écrasées*

Faites cuire le lait et les carottes dans une casserole à feu vif, en tournant de temps en temps. Quand le lait est évaporé, ajoutez en tournant le beurre, la mélasse, le sucre et les raisins. Quand le beurre et le sucre sont fondus, laissez cuire 20 minutes en tournant souvent. Quand le mélange se détache des bords de la casserole, étalez-le dans un plat creux beurré. Saupoudrez de cardamome écrasée. Coupez en tranches, servez chaud ou froid.
Pour 4 à 6 personnes

Barfî aux amandes ; crème à l'eau de rose ; mawa ; halva aux carottes

Gâteau de riz
aux huit trésors

350 g de riz
4 cuillères à soupe
* de sucre semoule*
50 g de beurre
130 g de cerises
* confites*
50 g d'écorces
* d'orange confites*
30 g d'angélique
30 g de noix
30 g d'amandes
* entières mondées*
50 g de raisins secs
5 cuillères à soupe
* de pâte de soja*
* sucrée**
SIROP :
30 cl d'eau
50 g de sucre
essence d'amandes
* (3-4 gouttes)*

Rincez le riz, égouttez-le et mettez-le dans une casserole couvert d'eau. Laissez mijoter 15 minutes. Égouttez. Incorporez le sucre et la moitié du beurre. Coupez en petits morceaux les cerises, l'écorce d'orange, l'angélique, les noix et les amandes.

Avec le reste de beurre, graissez un moule à charlotte de 90 cl. Tapissez les parois et le fond d'une fine couche de riz. Incrustez-y de manière décorative un peu de chaque fruit et des amandes. Mélangez le reste de riz, de fruits et d'amandes. Puis déposez successivement une couche de ce mélange et une couche de pâte de soja dans le moule. Finissez avec une couche de riz.

Fermez avec un papier sulfurisé, attaché avec une ficelle. Faites cuire à la vapeur, environ 1 heure.

Pour le sirop, portez l'eau et le sucre à ébullition en remuant. Retirez du feu et ajoutez l'essence d'amandes. Démoulez et servez chaud, avec le sirop de sucre.

Pour 6 personnes

Salade de fruits exotiques

2 kiwis émincés
1 mangue coupée en
* quartiers*
2 bananes émincées
* et citronnées*
2 goyaves coupées en
* 8, ou 2 fruits de*
* la passion évidés à*
* la cuillère*
1/2 melon en
* tranches*
3 tranches d'ananas
* en morceaux*
500 g de framboises
* (ou fraises)*
2 cuillères à soupe
* d'eau*
sucre en poudre

A l'exception des framboises ou des fraises, répartissez les fruits préparés sur quatre assiettes en les disposant de façon attrayante.

Passez au mixeur les framboises ou les fraises avec l'eau et le sucre, pour obtenir une purée. Passez au tamis pour éliminer les petites graines.

Au moment de servir, versez un peu de cette purée au centre de chaque assiettes ; servez à part le reste de purée.

Pour 4 personnes

A GAUCHE : *gâteau de riz aux huit trésors*
CI-DESSOUS : *salade de fruits exotiques*

Beignets de patates douces

*500 g de patates
    douces
130 g de farine de
    riz
50 g de cassonade
130 g de fruits
    confits hachés
50 g de graines de
    sésame*
    légèrement grillées
huile à friture*

Faites cuire les patates 20 minutes à l'eau bouillante. Quand elles sont tendres, égouttez-les et enlevez la peau. Écrasez la chair en purée, puis fouettez en versant peu à peu la farine et la cassonade. Incorporez les fruits confits.

Les mains humides, façonnez de petits beignez de la grosseur d'une noix. Parsemez-les de graines de sésame.

Faites chauffer l'huile dans une friteuse, et faites frire les beignets 5 à 7 minutes. Égouttez-les sur du papier absorbant. Servez chaud.
Pour 4 à 6 personnes

Crème aux noix et aux dattes

*130 g de noix
    décortiquées
3 cuillères à soupe
    d'huile
80 g de dattes
    dénoyautées
90 cl d'eau
150 g de sucre
40 g de riz moulu,
    délayé dans
    3 cuillères à soupe
    de lait
fleur de pommier*

Faites tremper les noix 10 minutes à l'eau bouillante. Égouttez-les et retirez la peau. Laissez-les sécher.

Faites chauffer l'huile dans une sauteuse. Ajoutez les noix et faites-les frire rapidement jusqu'à ce qu'elles brunissent sans brûler. Égouttez sur du papier absorbant.

Passez les noix et les dattes au mixeur ou à la moulinette. Portez l'eau à ébullition et incorporez le mélange noix-dattes, le sucre et le riz. Reportez à ébullition, en remuant, et laissez cuire 2 minutes, le temps d'épaissir.

Versez dans un plat de service chaud. Décorez et servez.
Pour 4 à 6 personnes

Beignets de patates douces ; crème aux noix et aux dattes

Pommes au caramel

2 blancs d'œufs
6 cuillères à soupe
de farine tamisée
1 cuillère à café de
levure chimique
4 grosses pommes
pelées, évidées et
coupées en 8
farine pour napper
huile à friture
CARAMEL :
180 g de sucre
3 cuillères à soupe
d'eau
30 g de beurre
1-2 cuillères à soupe
de graines de
sésame*,
légèrement grillées

Fouettez légèrement les œufs. Incorporez la farine et la levure en fouettant pour former une pâte légère. Saupoudrez les morceaux de pomme avec la farine pour napper. Passez-les dans la pâte.

Faites chauffer l'huile dans une friteuse. Faites frire les morceaux de pommes 5 à 7 minutes. Égouttez.

Pour le caramel, faites fondre le sucre avec l'eau dans une casserole. Remuez à feu doux jusqu'à dissolution du sucre. Ajoutez le beurre, augmentez le feu continuez à remuer jusqu'à ce que le mélange prenne une couleur caramel. Incorporez les graines de sésame, les morceaux de pommes, en tournant pour que les pommes soient enrobées.

Plongez les pommes dans l'eau froide pour faire durcir le caramel. Égouttez et servez immédiatement.
Pour 4 personnes

Gâteau aux châtaignes d'eau

150 g de farine de
châtaignes d'eau*,
tamisée
35 cl d'eau
500 g de châtaignes
d'eau en boîte*,
égouttées et
hachées
50 g de beurre
15 cl de lait
250 g de sucre
semoule
POUR DÉCORER :
morceaux de fraises

Mettez la farine dans une jatte. Versez peu à peu l'eau en battant.

Mettez dans une casserole les châtaignes, le beurre, le lait, le sucre, et portez à ébullition. Retirez du feu et incorporez la moitié de la pâte. Reportez à ébullition en remuant. Puis retirez encore une fois du feu et ajoutez le reste de pâte. Amenez à ébullition et faites cuire 30 secondes, toujours en remuant

Versez dans un moule beurré et carré de 18 cm de côté. Couvrez avec du papier sulfurisé. Repliez-le bien sur les côtés et entourez-le d'une ficelle. Faites cuire à la vapeur à feu vif 25 à 30 minutes, le temps qu'il prenne. Laissez refroidir dans le moule.

Démoulez le gâteau et coupez-le en losanges. Disposez-les sur un plat de service ; décorez avec des morceaux de fraise.
Pour 4 à 6 personnes

Pommes aux caramel ; gâteau aux châtaignes d'eau ; crème aux fruits

Crème aux fruits

3 œufs
4 cuillères à soupe
de sucre semoule
30 cl d'eau
350 g d'ananas
50 g de dattes
130 g de fruits
confits
30 g de figues sèches
1 cuillère à soupe de
maïzena

Dans une grande jatte allant au four, battez ensemble les œufs, 1 cuillère à soupe de sucre et 4 cuillères à soupe d'eau. Placez dans une marmite à vapeur et laissez cuire 7 à 8 minutes. Le mélange doit prendre.

Coupez en fines lanières les fruits. Mélangez et versez sur la crème aux œufs.

Mélangez la maïzena et le reste de sucre. Délayez peu à peu dans l'eau. Portez à ébullition, en remuant, et laissez cuire 2 minutes. Versez sur la crème, servez chaud ou froid.
Pour 4 personnes

Khir

*75 g de riz long
  grain
1,5 l de lait
50 g de raisins secs
  (facultatif)
sucre en poudre
  selon votre goût
15 cl de crème
  fraîche
POUR DÉCORER :
amandes effilées ou
  graines de
  cardamome*
  légèrement
  écrasées*

Mettez le riz dans une casserole avec 1 l de lait. Portez à ébullition et laissez cuire 45 minutes à 1 heure ; le riz doit avoir absorbé le lait. Ajoutez le reste de lait, les raisins, laissez frémir jusqu'à ce que cela épaississe. Retirez du feu, sucrez.

Laissez refroidir complètement, en tournant de temps en temps pour éviter que ne se forme une peau. Incorporez la crème fraîche

Servez froid, décoré avec les amandes ou les graines de cardamome.

Pour 4 personnes

Barfi à la semoule

*50 g de semoule fine
125 g de sucre
45 cl de lait
50 g de beurre
10 gousses de
  cardamome pelées
  et écrasées*
POUR DÉCORER :
75 g d'amandes
  coupées en deux et
  grillées*

Dans une casserole mélangez la semoule et le sucre, puis incorporez peu à peu le lait. Ajoutez le beurre en petits morceaux. Portez à ébullition, tournez 4 minutes. Quand cela épaissit, ajoutez la cardamome et laissez cuire 10 minutes ; le mélange doit bien se détacher des bords de la casserole.

Étalez-le sur une plaque beurrée sur 1 à 1,5 cm d'épaisseur. Laissez refroidir, décorez avec les amandes.

Servez froid, coupé en tranches ou en carrés.

Pour 4 à 6 personnes

Bananes au four

*50 g de raisins secs
5 cl de rhum ou de
  jus de citron
4 bananes épluchées
25 g de beurre
50 g de cassonade
5 cl de jus d'orange
2 cuillères à café de
  zeste de citron
glace à la vanille
  (facultatif)*

Mettez les raisins dans un petit bol, ajoutez le rhum et laissez mariner 30 minutes.

Mettez chaque banane sur un carré de papier aluminium de 20 cm de côté, avec un morceau de beurre. Parsemez les bananes de raisins, de rhum, de sucre, de jus d'orange, de zeste de citron et fermez bien chaque papillote. Faites cuire 15 à 20 minutes dans un four à 180°.

Servez aussitôt avec une boule de glace, si vous aimez.

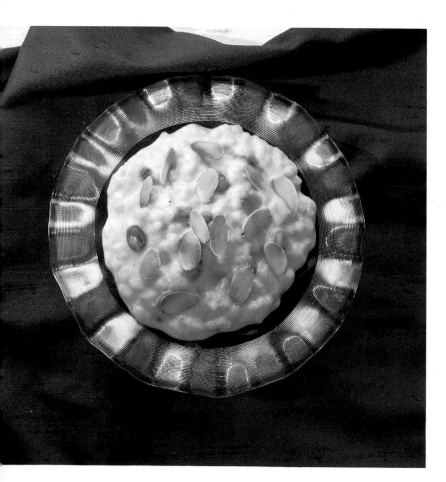

Khir

(Illustration, page 148)

Les décorations

Les décorations sont généralement utilisées pour apporter une touche de couleur aux plats.

Fleurs de radis : retirez les fanes et la racine. Avec un couteau pointu taillez des V sur le dessus puis retirez les parties coupées pour faire apparaître la chair blanche.

Roses de radis : coupez de petits pétales tout autour du radis. Trempez ceux-ci dans l'eau glacée : les pétales doivent s'ouvrir.

Fleurs de ciboule : retirez la partie blanche et coupez un peu le bout vert. Découpez soigneusement en fines lanières la partie verte. Plongez dans l'eau glacée : la ciboule doit s'ouvrir et boucler

Fleurs de carottes : avec un couteau pointu, entaillez tout du long la carotte en V. Coupez-la en rondelles.

Concombre en éventail : coupez un morceau de concombre de 8 cm environ. Coupez-le en deux. Coupez chaque moitié en lanières en vous arrêtant à 1 cm du bout. Épépinez et retirez la chair des lanières. Leur épaisseur ne doit pas dépasser 3 mm. Repliez soigneusement une lanière sur deux à l'intérieur.

Fleurs de tomate : retirez la peau d'une tomate d'un seul morceau, sans la déchirer. Enroulez-la (voir illustration ci-contre). Utilisez immédiatement. Vous pouvez de la même façon préparer des fleurs de pommes, de carottes ou de navets.

Fleurs de piment : coupez les piments en quatre dans le sens de la longueur, en vous arrêtant à 1 cm de la queue, et sans les épépiner. Coupez en lanières chaque quartier, sans le détacher de la base. Mettez-les 1 heure dans l'eau froide.

Sauces de salade

Vinaigrette : mélangez 20 cl d'huile d'olive, 4 cuillères à soupe de vinaigre de cidre, 1 gousse d'ail écrasée, 2 cuillères à soupe de fines herbes coupées fin, salez, poivrez. Cette sauce peut se garder 6 semaines.

Sauce au soja : elle aussi se garde 6 semaines : mélangez 20 cl d'huile de tournesol, 4 cuillères à soupe de sauce soja, 2 cuillères à soupe de jus de citron, 1 gousse d'ail écrasée, salez, poivrez.

Sauce au yaourt : peut être préparée au mixeur. Mélangez 150 g de yaourt nature, 1 gousse d'ail écrasée, 1 cuillère à soupe de vinaigre de cidre, 15 g de persil, 15 g de menthe et de ciboulette, salez, poivrez. Peut se garder 4 jours.

INDEX

REMERCIEMENTS

Les éditeurs remercient tous ceux qui ont participé à la préparation de cet
ouvrage :

Photographes : Bryce Attwell, James Jackson, David Johnson, Charlie Stebbings,
Clive Streeter et Paul Williams
Stylistes : Liz Allen-Eslor, Gina Carminati, Penny Markham, Roisin Nield et
Lesley Richardson.

Préparation des plats pour la prise de vue : Nicola Diggins, Caroline Ellwood,
Clare Ferguson, Clare Gordon-Smith, Carole Handslip et Liz et Pete.